成交闭环

揭秘成交的底层逻辑

[美]莱恩·塞尔汉——著
(Ryan Serhant)

苏健——译

SELL IT
LIKE SERHANT

How to Sell More, Earn More, and Become
the Ultimate Sales Machine

天津出版传媒集团
天津科学技术出版社

著作权合同登记号 图字：02-2022-054

Copyright © 2018 by Ryan Serhant
Published by arrangement with United Talent Agency, LLC, through The Grayhawk Agency Ltd.

图书在版编目（CIP）数据

成交闭环 /（美）莱恩·塞尔汉著；苏健译. -- 天津：天津科学技术出版社，2022.5
书名原文：Sell It Like Serhant: How to Sell More, Earn More, and Become the Ultimate Sales Machine
ISBN 978-7-5576-9982-6

Ⅰ.①成… Ⅱ.①莱… ②苏… Ⅲ.①销售学 Ⅳ.①F713.3

中国版本图书馆CIP数据核字(2022)第064202号

成交闭环
CHENGJIAO BIHUAN
责任编辑：刘　颖

出	版：	天津出版传媒集团 天津科学技术出版社
地	址：	天津市西康路35号
邮	编：	300051
电	话：	（022）23332372
网	址：	www.tjkjcbs.com.cn
发	行：	新华书店经销
印	刷：	三河市宏图印务有限公司

开本880×1230　1/32　印张7.25　字数144 000
2022年5月第1版第1次印刷
定价：55.00元

引 言

我在2008年9月15日的那个周一踏上了销售的职业生涯。你还记得那天发生了什么吗？那也是雷曼兄弟申请历史上最大规模破产的日子，这令美国的次级按揭市场轰然倒塌，拉开了我们如今称之为经济大衰退的帷幕。想象一下，对于像我这样的一个缺乏信心，连西装都没有，而且对于如何完成销售毫无概念的销售新人而言，在当时要卖出一套房子有多难。可想而知，我并没有能够开一个好头。在2009年，我只有9 000多美元的进账。而在9年后的2017年，步入33岁的我已经完成了472笔交易，对应的销售额接近10亿美元。在全球经济危机之中，在美国最艰难的一个市场里，一名销售人员诞生了。

在《百万美元豪宅：纽约》(Million Dollar Listing New York)中，我是个身穿体面西装的自信满满的人，有司机帮我开车，每天穿梭在曼哈顿岛，拿下两三百万美元的生意。而在我的真人秀《跟着塞尔汉学销售》(Sell It Like Serhant)中,我利用自己的销售技巧将垂死挣扎的销售人员转变成销售机器,无论他们卖的是高尔夫球还是浴缸。不过小时候的我和各位在电视上看到的那个人截然相反。我家常常搬家。我是个害羞得不行、社交能力极差的胖子。我试过人类发明出来的每一项运动,结果没有一种玩得来。你就算对准我的手把球扔过来,我照样会接不住。甚至你要是扔给我一千个球,我也抓不到哪怕一个。我与信心绝缘,惧怕一切事物。我控制不住自己的感情,大家都叫我"爱哭鬼莱恩"。我最喜欢和剧院里的孩子们一起玩,因为我们可以穿上搞笑的服装,假装不同的身份。我就是那种周五晚上独自在家,穿着皱巴巴的宽大睡衣,边吃杰利奥布丁边看尼克国际儿童频道的孩子。

经历了这样一段糟糕的莎士比亚悲剧式的少年阶段,我到大学里就学起了戏剧。毕业后,我搬到了纽约市,想成为一名演员。而和我一样的人大概还有10亿!

就在几年前,我还是一个接不到活儿的悲剧演员,努力地为纽约市的房租而打拼。成为明星的梦想和我的自我价值感一起被击得粉碎。虽然靠着当手模的零工东拼西凑了一点钱,但我还是连最基本的开销也负担不起。我的信用卡在买菜的时候刷爆了,为了换取免费的健身时间,我只能在街上散发传单,请大家去附近的一家健身房里办会员。落入破产的境地是一件很可怕的事情,尤其是在纽约,我要么想办法挣钱,要么就只能搬回去和父母一起住了。对于这第一次独立生活,我可不想虎头蛇尾。我可以选择传统的套路:打一份服务员的工,等待一炮而红的演出机会。但要是你在星期五美食餐厅里换一次班就得错过一场试镜的话,谁能受得了呢?相反,我考取了房地产执照,于是就可以随心所欲地决定工作时间,并完全掌握自己的日程表。我可以学习如何把房子租给别人,然后每个月完成一两笔交易,把账单还清。

刚开始的时候,我一败涂地。我连一根毛都卖不出去。身边的经纪人都在不停地出单,而我却绞尽脑汁地想着,他们到底是怎么做到的?我又该如何做到?我发愤图强,尝试过许多不同的战术,最后,经过了多年的辛勤工作,我发现了一个能带来巨大优势的秘密:我抛在空中的球最多。我从来不会特别专注在一个球上。我不会将所有的精力都放在一间房子或者一名客户身上。我可以在与一名客户成交之后立刻转身去带另一名客户看房子,还会在出租车上接房东的电话。我不会把生死赌在一件交易上。我从来不会在完成一笔交易后不知道接下来要干什么,因为下一场交易已经开始了。我的"多抛球"的方法给我带来了很大的优势,而我也迅速成了一名顶尖的销售员。

回忆一下你还是个孩子的时候,一天里的主要时间都是在玩玩具。你会开开心心地搭起一座乐高塔,然后想,"这个玩好了,我现在就想要玩赛车了"。可是妈妈说,你应该先把一个玩具收好,然后才能玩另一个。如果你不这么做,她就会因为你留下的烂摊子而大发雷霆。我们都知道,孩子们不想把玩具收起来。为什么不能被这些酷炫、有趣的东西围绕在中心,毫无障碍地玩完一个再玩另一个,非要把它们收起来呢?我承认自己是个有强迫症的人。我喜欢干净整洁的环境。但是,在想要触碰其他东西之前,必须把之前的东西完美地放回原位,这样的建议对于还是孩子的我而言是不利的。把所有的玩具都放在触手可及之处,每一个都能玩到,这有什么错呢?随着我们慢慢长大,"一个一个来"的想法就在大脑中根深蒂固了,而我们也把同样的思维方式带入了商业世界中。我们先处理好一个客户,然后再开始应对下一个。我们先成交一笔生意,然后再专注于下一笔。我们对待客户就像是对待架子上的器物一样,要小心翼翼地摆放好才能动下一件。但我的销售理论并不是说要把客户晾在一边,而是讨论该如何将他们保持在你面前近在咫尺的距离,这样一来,你就能恰当地管理一切,并取得同样优异的结果。你有没有见过那种懂得如何把玩具安排得井井有条，从而能不费吹灰之力地换着玩的小孩？这样的小孩就是个茁壮成长中的优秀销售员。他拥有正确的思维方式，而我将这种思维方式称为"抛球法"。

　　抛在空中的球越多就意味着你周围不乏机会，而且可以同时利用它们，也就是说，你正在建立新的联系、获得优秀的推荐，并最大化地利用你宝贵的时间。尽管我们在小时候和销售课程中学到的是，同一时间只能管理一件事情，但我发现，管理一件事情所消耗的时间和精力其实和管理六件事情没什么区别。有些球飞得比较快，也就是说，可以迅速处理好。而有的时候，如果你把球抛得比较高，那么在它落回到手中之前，你就有时间处理其他好几个球。我发现我可以控制它们的飞行轨迹，这句话的意思是，我可以成功地管理好几个球。那么，既然你有能力同时掌控五六个球，为什么要拘泥于一个呢？放手去做吧。

　　任何人都可能撞大运，拿下一笔大单子。你卖出过一架30 000美元的三角钢琴或者六位数的地毯。可是你明天还能再做一次吗？后天呢？你还卖出过什么吗？如果你想要拥有一段成功的销售业绩纪录，那么你就必须认识到，销售是一件以量取胜的事情。就是这么简单。如果你想要成功，那么就必须比其他人卖出更多的产品。关键并不是某一次销售，而是你所完成的每一次销售。要成为终极的销售机器并不是照着一大堆小技巧和小贴士去做这么简单。这种事有谁做不到呢？有时候，要成为好的销售员，我们必须抛开过去的思想，将自己重组为一个更有生产力、更了不起的自己。关键是要重新学习什么才是销售。你已经拥有了成功所需要的东西，而这本书将会帮助你提高生产力，并发挥出你全部的潜力。

大家总是问我："你是怎么做到的？我该怎么做才能像你卖得那么多？"每次听到这样的问题，我都感到很不可思议，因为就在不久以前，我也是提出完全相同问题的人。我知道作为一个完成不了指标的销售是一种什么样的体验。2009年的时候，我还什么都不懂，从8岁那年与哥哥一块儿把柴火卖给邻居以来，就再没有卖出过一样东西。我该如何从无到有地构筑销售职业生涯呢？在这本书里，我会分享一些隐藏在我的一部分最不可思议的交易背后的故事，并告诉你我是如何从零开始，创造自己的销售职业生涯，并不断前进的。这本书并不是我的传记，而且这也不是什么在纽约市卖房地产的回忆录（那也太催眠了）。在本书中，我会分享所有的交易秘诀。你正在阅读的其实就是描述了我如何销售所有东西的剧本。

你会学到如何安排一天的活动，最大化地利用时间,让球在空中飞翔。我会教给你跟踪的技巧,并分享我在职业生涯过程中所开发的销售方法,这些就是让我的团队成为全美国数一数二的销售团队之一的策略。此外,你还会学到如何享受销售。销售是一种乐趣,无论你卖的是什么。而且在任何地方,你都能发现有许许多多的东西正在被销售。每一天、每一分、每一秒,你完全可能成为卖东西的一方。毕竟,连那个每次经过学校走廊的时候都会被欺负的小莱恩现在在全世界竞争最激烈的一个市场里,每个月都能完成6 000万美元(其实上个月是101 861 229美元,不过谁会算得这么仔细呢?)的销售额了,那么还有谁做不到呢?让我们带你更上一层楼吧。

　　各就各位——预备——跑!

目 录

第一章　销售人员的诞生　　001
转折点，第一次试镜　　005
一切行动的关键词——主动性　　008
销售需要极大的耐力　　014
恐惧是成功助推力　　016
拥有和焦虑共存的信心　　018

第二章　"Yes"的力量　　021
更多的"Yes"，更多的销售　　029
意想不到的销售武器：即兴表演　　031
每一场交易都是一幕新戏　　033
打造属于自己的自信星球　　035

　　　　　　用不断的冒险成就销售　　　　　　　　　037
　　　　　　别让羞怯阻拦你的成交　　　　　　　　　038

第三章　找到推进成交的正确方法　　　　　　　　045
　　　　　　如何把陌生人变成你的客户　　　　　　　048
　　　　　　在"咄咄逼人"和"客户至上"中找到平衡　055
　　　　　　塞尔汉的交易法则　　　　　　　　　　　058
　　　　　　找到让客户为你心动的"拍案时刻"　　　060

第四章　百发百中的跟单法则　　　　　　　　　　069
　　　　　　持久：持久的关注带来回报　　　　　　　069
　　　　　　彻底：全面的跟进帮你把握每一个成交时机　078
　　　　　　积极：积极的态度帮你敲下成交之锤　　　082

第五章　层层把控成交的7个阶段　　　　　　　　089
　　　　　　拆解销售的不同阶段　　　　　　　　　　092
　　　　　　第一阶段：爱上产品的激情阶段　　　　　094
　　　　　　第二阶段：被消极因素打乱计划的挫败阶段　095
　　　　　　第三阶段：发现风险、害怕损失的恐惧阶段　095
　　　　　　第四阶段：交易前夕忧心忡忡的失望阶段　097
　　　　　　第五阶段：重拾积极、拥抱现实的接受阶段　097
　　　　　　第六阶段：拥抱未来的幸福阶段　　　　　098

第七阶段：交易结束后肯定收益的安心阶段　　099
　　塞尔汉的情感工具箱　　099
　　如何面对犹豫不决的客户　　102

第六章　你需要"FKD"体系　　111
　　时间小偷与时间管理：如何管理工作负荷　　114
　　用早起成就更多的专注度　　115
　　发现者、保持者、行动者方法　　119
　　让我来拯救你的理智　　126

第七章　工作的四大原则　　133
　　为你的职业而努力，而不是为了工作　　134
　　4W 原则　　137
　　积极态度：让一切持续运作的润滑油　　145

第八章　你想成为什么样的人　　149
　　找到每一件产品的故事　　151
　　利用故事来打造创新的推销套路　　153
　　产品知识等于力量　　154
　　利用产品来设计有创意的推销套路　　156
　　每个销售人员都需要登山钩　　158
　　放飞内心的怪癖（并乐在其中）　　164

蛋糕上的糖衣在哪里? 166

第九章 败得聪明助你更快成长 **171**
　　如何有效谈判?控住你手里的球 176
　　生意夭折球落地的六大原因 181
　　如果你曾经想要退出,请先看看这里! 187
　　当你每天都要面对自己最严重的失败 189

第十章 现在就行动 **193**
　　没有什么障碍大到你无法跨越 197

鸣　谢 **215**

第一章 销售人员的诞生

纽约其实是个导航起来相当容易的城市。大部分街道都是按照笔直、整齐而有序的网格分布的。如果我92岁的奶奶在时代广场中间的街道下车，她也能轻而易举地找到回家的路。曼哈顿城区，第14街以南的所有区域，就完全不同了。当然了，西村是特立独行的，有着寂静的鹅卵石街道和联邦风格的联排房屋。但是这里的街道分布却像是让一个4岁小孩尝试解答线性代数问题一样毫无章法，实在是怪异而又令人困惑。这应该就是我最早的客户之一，一个名叫杰西卡的人对我感到不满的原因了。杰西卡20多岁，看到了我在网络上发布的广告就联系上了我。像我这样的新手经纪人在2008年就是靠这种方法寻找客户的。我们刊登广告，等客户打电话来，然后安排和他们见面。这其实就跟叫其他服务没多大的差别。

杰西卡每个月的预算为2 500美元。她想要一套能改造成三居室的两居室房，方便她和两名室友（顺便一提，她们的名字也叫杰西卡）入住。我打算带她去看位于莫顿街的一间公寓，这应该蛮适合她和她妈妈的。她的妈妈是她的担保人。这就意味着，如果这位杰西卡和另外两位杰西卡没了工作，或者把所有的钱都拿去买名牌包包了，那么她的妈妈就要负责支付租金。杰西卡1号一直让我听她的电话，因为她远在密歇根州的妈妈坚持要我像实况转播体育赛事一样直播看房过程。

我们大概转悠了20分钟，这对于一切都必须保持快节奏的纽约市而言相当于过10年左右了。虽然我知道我们已经很接近了，可就是找不到那条街。就算你知道自己的准确位置，也完全有可能在西村迷路。我们站在克里斯多夫街和第七大道的路口，可我还是不知道莫顿街在哪个方向。我当时还买不起智能手机。每天早上我都会把每一次约会的小地图和路线图打印出来。我会把它们折起来塞进口袋，以备不时之需。在给杰西卡带路的时候，我一直在找机会偷瞄一下地图，可是很难在不被她发现的情况下看个清楚。我试着转变话题，假装是在带她"简单逛逛这片区域"。我指给她看美国全国广播公司的情景喜剧《老友记》(Friends)拍摄所在的公寓，说莫顿街离这里只有几个街区而已。十分钟后，我们又站在了同一个书报亭前面，很显然，我们兜了一圈回到了原地。在曼妥思糖果和各种款式的饮料之间，可以看到报纸上都在为了崩溃的金融市场而在头版头条打出"崩盘！""危机！"的字眼。我也马上要面对自己与杰西卡之间的小小危机了。

她忍不下去了。只见她对我怒目而视，仿佛在用眼神抽我耳光。"我的天呐。你在搞什么鬼啊？！"她吼道，"是谁给你的胆子带人类看房子的？开什么玩笑。"她伸出手，一辆出租车伴随着刺耳的刹车声停在了她的面前。她钻进车里扬长而去，空留我一人，穿着牛仔靴站在路边顾影自怜，像只泄了气的皮球。

也许她说的是对的，我回头又瞥见了那个书报亭。报纸的头条都在嘲笑我。现在的经济衰退得这么严重，我为什么要尝试在经济崩得七零八落的时候销售房地产呢？我就快没钱了。我感觉自己几乎注定要加入那些窝在爸妈家的地下室里，穿着一条裤衩，一边打游戏一边吃奶油小蛋糕的啃老族了。

这时，本·肯尼迪出现了。

我回到位于49号街与麦迪逊街的市区办公室时，觉得自己已经惨得不能再惨了。但事实证明，我还能再惨一点，这都多亏了我的宿敌本·肯尼迪。他来自美国中西部，除了偶尔低调地问声好之外，几乎从不跟办公室里的人讲话。不过他是个优秀的经纪人。当我拖着疲惫的身躯回到座位上时，听到他又做成了一笔交易，这大概是他今天租出去的第10间房子了吧。当他把堆成山的签约租赁协议带回来，获得巨额的佣金支票时，我却在这座城市里像只无头苍蝇一样乱转。他是怎么做到的呢？我拥有顶尖的学历，出身自优秀的家庭，而且还是一名有着灿烂笑容的帅气演员！他有哪一点是我所或缺的呢？他都不跟别人说话！我的自尊心无法接受这样的事实。凭什么他能不断地做成生意，而我却连一间可改造的三居室楼梯房都没办法租给杰西卡?

我陷入了低潮,需要找个人倾诉。我决定打电话找吉米哥哥。他比我大10岁,过着我眼中的真正的生活。他有老婆孩子,财政方面也有一份稳定的工作。吉米一直很关心我。我搬到纽约市时有他的帮忙,我第一次在银行开户的时候他也在,而且他还教我怎么申请信用卡。他肯定能解开这个谜题,告诉我为什么本·肯尼迪能做得如此优秀,而我却如此失败。我有气无力地走到消防通道,掏出翻盖手机,翻到了吉米的办公号码。还没等他开口问好,我就开始大声咆哮起来:"我要辞职,我已经那么努力工作了!"我能听到电话那头传来吉米办公室里其他电话机的铃声,还有许多人工作的声音,他们肯定都在做些大事,比如赚大钱啊,成为人生赢家之类,但我并不在意,只是一个劲地倒着苦水。我哥显然很忙,当我还没说完"我受够了!我要辞……"的时候,他就打断了我:"别像个小孩子一样。你才当了5分钟的房地产经纪人。振作起来。如果本·肯尼迪做得到,那么你也能做得到。"

咔嚓。"喂?吉米?"

我的天呐,他把电话挂了吗?

好吧。是他挂的。

我有气无力地回到办公室里,正好看到本·肯尼迪放下了电话听筒。他带着那副最满足的笑容躺倒在椅子上,仿佛刚刚租掉了一整栋公寓楼,说不定那栋楼还叫帝国大厦呢。我径直走向了本·肯尼迪的位置。趁着自己还来不及紧张起来,我脱口而出:"嘿,本,问你个事儿。那个,你是怎么租掉这么多房子的?你做了什么?我刚开始做这行,还没完全搞明白,你是个大神,所以要是能从你这样的行业精英身上学到点小技巧就好了!拜托了!"

本上下打量了我一番,从我的牛仔靴,到卡其裤,再到超大搭扣的皮带(顺便一提,这是我最帅的一套衣服),说:"没门,兄弟。我是不会告诉你的。"这是我听到他说过最长的一句话。

转折点,第一次试镜

毫无疑问,你不可能在一夜之间把自己转变成销售机器。在职业生涯的某些阶段,你肯定会遇到问题比答案多的情况。你不知道该如何做成每一笔生意、处理每一个客户的问题,或者解答团队中的所有问题。但你只要步步为营,就算只是一小步,那也离成功更近了一点。不要怀疑一个小小的举动最终能带来多大的变化。没有人能为你提供成功的秘方。只有在你将秘方创造出来之后,你才能知道它究竟是什么。

塞尔汉的秘密之一

你的成功秘方会在事后浮出水面。只有在已经创造出来之后,你才能认识到它。

本·肯尼迪什么都没告诉我。好吧，没事。我当时觉得"本真是个混蛋！"我甚至已经决定退出房地产业了。我想求妈妈帮我买一张回家的机票，永远地告别纽约市。既然你能回到有着所有有线电视频道，并且厨房里还塞满了奥利奥、冰激凌和鸡肉白酱意面的爸妈家，那曼哈顿还算啥呢？但是我哥的斥责依然在我的脑海中余音绕梁。我真的像我认为的那样努力了吗？虽然谈不上豁然开朗，但至少我的眼前一亮，而这份光芒正好足以让我觉得，嗯，也许吉米说得对。我必须停下来好好想想。我想要成为这样的人吗？我和位于韩国街公寓楼里的25个人共用同一间浴室。到了晚上，我们在地下室里搭了个舞台，演出埃德加·爱伦·坡的一出戏。而我扮演一座钟，举着双臂，连续30分钟重复着一句台词："嘀嗒嘀嗒。"你知道谁不用在一出烂戏里扮演钟吗？本·肯尼迪，就是他。这就是我的生活了吗？更重要的是，这是我想要成为的样子吗？

我第一次真正开始思考我想要自己的生活变成什么样子。我想要开二手车、穿卡其裤、偶尔坐坐加勒比游轮，每周五吃一顿澳拜客牛排吗？这样的生活确实很好。盖璞的卡其裤很舒服，而且有谁不想用一盘烤翅和墨尔本小酒馆牛排来结束一周的工作呢？还是说我想要一点不一样的东西？我想要不会受到任何东西阻碍的生活吗？无限的可能性。全方位的扩张。这听起来要比我现在囊中羞涩、双眼含泪的状况好太多了。我知道自己要做出抉择。我想要取得普普通通的成功吗？还是取得非同凡响的成功呢？我想要成为一名较好的经纪人，还是一名最好的经纪人呢?

我抬头望向本·肯尼迪。他正在打电话,与客户愉快地说笑。也许就目前看来,我是个糟糕的销售人员。但凭什么我不能改变呢?

本·肯尼迪出色业绩背后的原因已经不重要了。我不需要知道他的成功秘诀。就算他凑过来说:"好吧,塞尔汉。我是这么做的:我只吃橙色的食物,而且在满月的时候会脱光衣服跳舞,因为我还是个巫师。"那也没用。这对我能有什么帮助呢?本·肯尼迪已经找到了他的成功秘诀。现在该轮到我找到自己的秘诀了。虽然我还不知道如何才能成为优秀的经纪人(或者说就连如何不那么糟糕也不知道),但是,是时候该行动起来了。虽然我还不知道第一步该怎么走,但我知道我想要迈出第一步。

我从来没有计划过要当一名销售人员。我从来没有经历过"啊哈!"的时刻[①]。我哥让我认识到自己糟糕的态度和可笑的期望对我来说是一个转折点。租赁房屋怎么可能像卖网红饼干那么容易呢?回首往事,我才知道那是一个短暂但又重大的时刻。这个转折点对于我而言稍纵即逝。这并不像什么被大巴车撞了一下,心想"哇,我历尽千辛万苦才从昏迷中醒来。应该

[①] 虽然我没经历过开启职业道路的"啊哈!"时刻,但是在纽约市交通高峰时期的"公园"(其实只是位于西侧高速公路下面的一座绿油油的小山丘)里,与一位觉得自己正处于人生转折点的75岁高龄的老人(他扮演的是卡帕莱特老爹)演出莎士比亚的戏剧时,我绝对不会忘记自己内心的想法,我真想让自己的未来变成这个样子。只要我们每次演出结束后,都还没有被汽车碾过去,我就很高兴了。

在余生干出些令人惊奇的大事。"不要等待剧变的时刻才采取行动，因为这样的情况可能永远都不会出现。如果你一直打算度过了不起的一生，那么现在就该把计划付诸行动了。再多等一秒都是多余。

一切行动的关键词——主动性

虽然当时的我就想做出一番真正的改变，但却不知道首先该做些什么。我昨天还在世界上最昂贵的城市里当一个低薪的手模，睡了一觉醒来就成了房地产经纪人。这两个角色都穷得叮当响。我没有工资，没有福利，也没有人告诉我该如何取得工作成功的手册。我无法像变戏法一样在一夜之间蜕变成有劳动合同、有钱、有销售技能的人，甚至连一双好点的鞋子也没有。不过有一点不同了：我对工作感到了兴奋。从前我很不情愿去工作，感觉这是在某个知名导演承认我应该成为下一个布拉德·皮特之前必须忍受的惩罚。我会在带客户看房子的间歇检查语音邮箱，在看到"您没有未读消息"之后，到咖啡馆里喝一杯印度茶拿铁等着跟下一个客户见面。但是，在被哥哥痛骂后，上班似乎成了一件好事。办公室似乎成了一个锚点。我的背挺得更直了，肩膀也感觉轻松了。我坐在快餐店"汉堡天堂"楼上的一间小办公室里，虽然还无法想象自己该如何从A点（什么都卖不掉）到B点（什么都能卖掉）去，但是我明白这需要大量的努力和主动性。

从来到纽约市的第一天起,除了一双牛仔靴和一瓶棕色染发剂(我从16岁起头发就开始发灰了)以外,我一无所有,只有无穷无尽的主动性。我住的第一间公寓有两个来自汉密尔顿学院的室友。他们都是律师助理,准备考取法学院,而且已经确保了在优秀的法律公司里的职位,就是那种有着50个头衔和疯狂的加班加点的工作。我当时正在逐梦演艺圈。我没有老板。我不像两个室友那样有着密集的日程安排。不过我那向来重视努力工作和严格纪律的父亲提醒我,如果我想要成功,那么就应该比这两个法学院的室友更加努力才行。我应该比他们起得更早,工作到更晚,全身心地投入到演艺之中。这是个好建议。纽约市里的演员太多了。我估计纽约市里有演员梦的人大概跟这座城市庞大的老鼠数量差不多。虽然不太容易确切地留意,但如果你停下脚步,观察一下四周,就会突然发现他们无处不在。我必须做些什么。我不可能随便找一家酒坊,点一块豆腐,妄想坐在对面的那位带着一大袋猫粮的女士其实是个星探,而我恰好被发掘担纲《电锯惊魂[①]23》里"第一个死的人"。我必须发挥主动性才能取得那样的成功。

我发现,在演艺生涯中发挥主动性让我去过了一些非常意想不到的地方。我曾经在一部肥皂剧里扮演过一名邪恶的生化学家,也在一部独立电影里开着车从一个人身上压过去,我参与了在西部高速公路边上演的《罗密欧与朱丽叶》(Romeo

---

[①] 译注:著名恐怖电影系列。

and Juliet）的制作，而且有多少人敢说自己当过手模呢？他们把我的手画成茶壶和龙的样子来推销签约手机。全世界都能看到我的手。诚然，我的演艺生涯可能并没有如我曾经想象的那样大红大紫。事实证明我并不是布拉德·皮特。我作为演员取得的成功甚至与鲍德温或者克金家族中的二流演员相比都难以望其项背。我离著名演员的体验最接近的一次是，当我在一家俱乐部里告诉保镖，我是肥皂剧《地球照转》（As The World Turns）的埃文·沃尔什四世博士时，他把我请进了贵宾包厢，然而，我还是买不起好酒。反正再过几周，我这个角色也会被他自己的祖母谋杀的。

当我坐在位子上，看着对面那个留着可笑发型的顽固鬼本·肯尼迪时，我意识到我们的背景不同，这是很正常的事情。我们就像是在约翰·休斯的电影，比如，《早餐俱乐部》（The Breakfast Club）或者《红粉佳人》（Pretty in Pink）中两个成长轨迹完全相反的少年，但或许促使我们前进的因素其实是一样的。对于我们每一个人而言，"零成交等于零薪水"，谁知道对于本·肯尼迪来说这意味着什么呢？也许意味着他会没钱支付账单，最后无家可归，只能回到连红绿灯都很罕见的乡下老家。虽然我不知道，但本·肯尼迪似乎和我一样，不想要回头看，也就是说，我们只能向前，而这就意味着我们都需要创造销量。

我想要留在纽约市，这个在噪声和人群中造梦的地方。我的父母在我上大学以后就搬到了科罗拉多州，一想到要回到那里，我的脑中就浮现出一些可怕的画面：我在牧场里帮工，永无止境地粉刷着篱笆。接着我会娶一个可爱的牛仔女郎为妻，生下几个孩子，然后买一台拖拉机，可能还会养一条狗和几只鸡……最后寿终正寝。我想成为更伟大、更好的自己。我想要挖掘自己的全部潜力，而这就意味着我要尽一切努力地留在纽约市。或许我已经发挥出了作为演员的全部潜力，但肯定还没发挥出作为一个人的全部潜力。在试镜了一部不知名的网络真人秀后取得了一部肥皂剧中的角色，然后在《地球照转》中与另外12个合作演员一起为了成为下一个肥皂剧明星而殊死奋战，这都靠的是我的主动性！那么我为什么不能利用主动性来使我在销售职业生涯中取得成功呢？

我每天都在思考如何利用主动性推动职业发展。我询问经验老到的经纪人，能否跟在他们后面学习一天，或者替他们卖一间空屋子。我发布了更多的广告。我尝试变得不那么害羞。没过多久，我就开始不怎么介意是否得到试镜的机会，而更加热衷于销售了。这是一段缓慢而稳定的过程。虽然，其中不时地有些或大或小的磕磕碰碰，但我没有放弃。一开始，我的动力来源于恐惧，一想到要以失败者的身份回到位于科罗拉多州的父母家时，我就感到害怕。但随着我开始做成更多的交易，我的动机就开始转移了。它从"我希望这个月能收到足够多的租金，好让我能付清房租，再买件新的衬衫"转变成了"哇！我刚刚把足够支付两年房租的佣金收入囊中了"。在培训塞尔汉团队的销售新人时，最困难的事情就是让他们明白，主动性到底有多么强大。虽然这听起来不可思议，但想想那些你觉得陷入困境的时刻呢？比如，你觉得再也没法做成交易，或者获得新的客户了？主动性就像是包治百病的灵丹妙药。拿起话筒拨个电话，发一封电子邮件，跟踪线索，不要闲着。主动性对于销售人员而言就如同呼吸一般，也就是说，你离开了它就活不下去。如果你对于摆在眼前的一切都拿出主动性的话，那么每一天你都能感受到成功的喜悦。

当我开始认真对待房地产销售，想要取得成功时，却因为自己不是纽约本地人而感到有心无力。我认识的人不多。我到底该把房子卖给谁呢？而且我也不像本地人那样对不同的街区有着深刻的了解。在主动出击中，我也常常会产生自我怀疑感。不过，我过去作为一名演员的经历再一次成了秘密武器。在当演员的时候，我不会因为被拒绝而狼狈不堪，我擅长察言观色，而且我能够迅速地记忆，如关于楼房的信息。我愚钝的性格和早熟的灰发也赢得了一些人的喜爱。

就算你的背景与行业内其他人不同，也没有什么关系。不要被自我怀疑所阻碍。与众不同可以是一件好事。你的技能，无论是在厨艺上、运动上还是教育上，都会为你的品质增添价值。如果你能管好一个初一年级全班的淘气鬼，或者给一条蛇做体检，那么你也能在销售中称霸。你在踏入销售圈子之前的角色是很重要的。你的性格应该忠于你自己，就算特立独行也没关系。我有一些非常成功的团队成员，他们从前是开酒吧的、当兵的、在银行工作的，等等。他们各自都拥有独一无二的知识体系，这也为他们的销售实践带来了自己的新鲜观点。他们过去的工作经验最终让他们成了更有意思和更全面的人。你也同样如此。坦然接受你自己的身份，思考该如何让你的技能为销售职业生涯添砖加瓦。

大约从4岁开始，我就想要做一个成功的人了。对于如何实现成功，当时的我难道有一丁点的线索吗？完全没有。我在那个年纪所具备的技能合并起来只不过是几个蹩脚的魔术戏法和一些老套的笑话罢了。结果表明，选择成功为第一目标，而让职业生涯紧随其后，是我为自己做过最好的事情之一。它迫使我以开放的头脑思考如何实现成功，因为事后看来，我要是靠着当演员的话就永远与成功无缘了。当明星梦破碎时，我对成功的渴望并没有随之凋零。我依然执着于成功的信念，只不过需要驶入另一条路线。大多数人在成功之路上撞了南墙，就会想，好吧，我只能到此为止了！但事实并非如此。如果你执着于不惜一切代价取得成功，那么这些障碍都不算什么，因为你已经决定好了最终的目的地，并且会竭尽一切努力抵达那里。

塞尔汉的秘密之二

将成功选为首要目标，别的先不管——然后全身心投入到职业之中。

销售需要极大的耐力

每年都有超过50 000名来自五湖四海的参赛者齐聚纽约市马拉松比赛,仿佛跑个42公里只是小菜一碟罢了。你知道第一个跑马拉松的人后来怎么样了吗?他一头栽倒就再也没起来。好吧,毕竟那是在希腊这个超级热的地方,而且时间是公元前490年。当时也没有运动鞋或者轻松补充水分的饮料。如今,只要做好准备工作,基本上任何人都能跑完马拉松。你只要认真地训练,然后用大号的闪光字体把名字印在T恤上,当观众大叫"加油,莱恩"时,你就会强迫自己继续跑下去,而不是坐在路边叫外卖。只要经过适当的训练,你就有机会冲过终点线,在朋友圈里炫耀一番。可是,假如在完成了所有的准备工作之后,比赛突然从马拉松变成了短跑呢?你一直都是以缓慢而稳定的节奏跑步的,而现在出于某种意想不到的原因,必须拼了命冲向终点。你开始加速,终点就在眼前了——可是等等,停下!不好意思搞错了!我们要回到那场特别长特别累人的比赛……祝你好运了!

不管你的销售对象是某个老板还是某家企业,你肯定明白我说的是什么意思。有些夸张的交易可以持续到让你感觉老了好几岁,仿佛一次通往最终审判的谦卑朝圣。也有些如闪电般迅速的交易,让你感觉自己好像天才一般,只要点点头,就能得到奖励。还有些交易是来回变换的,几乎要耗尽你所有的能量和理智。销售需要极大的耐力,而且当你锻炼到能为任何类型的交易做好准备时,就会取得远胜竞争对手的巨大优势。想抛几个球就抛几个球!

销售就像一场赛跑,只不过在发令枪响起之前,没有人能告诉你这是一场什么类型的比赛。随着销售经验的积累,你就会明确地发现,成功的关键就是你有多努力,也就是说,关键在于你的耐力,是你保持好几个球在空中的能力。我发布的广告越多,做的产品展示越多,培养的关系越多,那么我卖出去的房子数量就越多。这与表演不同,因为没有人会说:"我不想购买这套'从所有的角度来看都很完美的又大又便宜的房子',就因为我不喜欢你这张脸。"销售靠的是努力,就这么简单。

销售最棒的地方在于,你可以八仙过海,各显神通地提高自己的耐力,在这场比赛中坚持下来,冲过终点。没有人会通知你到下班时间了,你可以自由选择。你决定自己想要工作得多么努力,决定想赚多少钱。没有哪个销售人员会接到这样的电话:"你好,我是小潘,你记得吗?我是人力资源部门的。我不得不告诉你,你这个月的销售太高了。你的销售成绩,远远超过了上限——也超过了其他每一个人。你给公司赚的钱太多了。下不为例。"是这样吧!

在初入职场时,不管面对什么样的结果,我都未曾想要停下脚步。这让我在同事之中取得了竞争优势。当其他经纪人在享受休假、在度假胜地欢度周末、看电影、吃大餐或者睡觉时,我可能还在努力工作,准备加速冲刺超过他们。销售是一场疯狂的赛跑。当他们在上热辣的瑜伽课或者和朋友一起吃寿司时,我却在检查自己的待办事项列表。

帮你优化销量的6大法则

1. 绝不将注意力过度集中在一个球上。一场销售不会决定你的生死。

2. 不要给自己机会想"接下来该做什么?"因为你的下一场交易已经开始了。

3. 你的周围都是机会,要与人多联系、获得推荐,产生新的生意。

4. 要知道,管理一个球和管理四五个球甚至六个球所需的精力是一样多的。

5. 控制球的飞行轨迹,要明白哪些球要先处理、哪些球要迅速处理,以及哪些球需要更多的时间和精力。

6. 不要盲目地将球抛向空中。要当心每个球的坠落位置。

恐惧是成功助推力

现在是12月的一个寒冷的周二凌晨,时间是4:53,我正试着决定该戴哪一条酷炫新头带去健身房。当我内心的小人儿在为了粉色还是紫色辩论不休时,我脑中盘旋的种种思绪的声音也变得越来越响亮。这些思绪包括,但并不仅限于:如果曼哈顿爆炸了怎么办?如果伊米莉亚因为我工作时间太长而生气了怎么办？如果我摔了一跤骨盆骨折了，没法带客户看房怎么办？如果我的要求太多，让团队里的人觉得忍无可忍了怎么办？我好像感冒了，这是感冒吗？不会是流感吧，就是从鸟类身上传染过来会死人的那种？你知道什么叫尴尬吗？如果除了我爸妈，没有人愿意买我的书，那就叫尴尬。

我早上起床时就很害怕，每天如此。但是我的恐惧是我最强大的动力来源。它推动我向前的力量是无与伦比的。我为自己构建的生活[塞尔汉团队、精彩电视台上的两档节目、在YouTube（优兔）上的视频博客、漂亮的房子，以及更加漂亮和可爱的老婆]与我刚踏上房地产经纪人的职业道路那会儿已完全不同了。我之前就提到过，那是2008年9月15号，雷曼兄弟宣布提交破产申请，引发世界经济崩塌的那一天。一切都前景难料，我很难对这份新的工作抱有什么乐观的想法。在那天下班以后，我就跑去买了最爱的廉价蛋白质的来源——豆腐和酸奶。我把信用卡递给收银员。几秒钟后，他又把卡还给了我，拒绝交易。我的心里一沉。我嘟囔着取点现金的鬼话，夺门而出。我钻进地铁车厢，坐下来就哭了。我真的连买一杯廉价酸奶的钱都没了。我从没有忘记过那一天的感受——崩溃和恐惧。这在我的心里点起了一把火。我做成的每一笔交易、追求的每一个项目，以及通宵加班的每一个夜晚都是为了让自己尽可能地远离那可怕的时刻。

了解你的动机。与在灵魂深处推动你前进的某件事物建立联系。这将改变你的一生。光靠嘴上说说，"我想要出人头地，赚许多许多钱"是不够的。谁没有这样的想法呢？想想是什么真正推动你更加努力地工作并取得更加卓越的成就。是什么带给你灵魂深处的触动，为你提供额外的动力让职业发展取得超强加速？不要让你恐惧的东西令你夜不能寐，而是要让它推动你抵达不可思议的成功高地。

拥有和焦虑共存的信心

我是个非常自信的人，因此也才有了这本书的名字。虽然花了不少时间，但我可以毫不犹豫地说自己是个优秀的销售人员。如果任由恐惧掌控一切，我就不敢主动给潜在顾客打电话或者跟新客户交谈。需要这样一点恐惧感来保持所有的平衡。不过，你也不可能永远坐在跷跷板的自信这一边。你会变得循规蹈矩，而对于销售人员而言这是真正的死亡。这也会让你陷入危险境地，一不小心就成了一个过度自信乃至傲慢的人。这就很可怕了。

我通常会在每天健身之后感觉信心再度涌上心头。我开始思考这一天里遇到的挑战：培训一对日本夫妇，教他们如何通过一套价值3 100万美元的合作公寓的面试，再处理在客户本应在明天成交的一套价值1 600万美元的苏豪区阁楼中出现的建筑面积误差问题。10年前，我最大的烦恼是付房租和抢在室友把所有的热水用完之前洗完澡。如今，我的挑战正迫使我大展拳脚，并更加自信。我别无选择，只有想尽最好的办法扬帆前航。这些问题、麻烦、怀疑和恐惧并不一定要烟消云散,它们可以跟随我一起成长。于是,当我回想起自己初入职场时做的那些蠢事时,反而很感谢本·肯尼迪为我做的一切。虽然他没有教我如何把房子租出去,但却让我明白了在正面对抗恐惧时会发生什么——你将变得无人能挡。

每天早上,在检查了日历之后,我就准备起跑了。我会与还在睡梦中的妻子吻别,然后戴上耳机。电梯门一开,我会深呼吸,走进去,然后对自己说"各就各位——预备——跑",无论今天摆在眼前的是一场什么样的赛跑,我都知道自己已做好了准备。

塞尔汉的方法

你已经下决心将自己变成销售机器,这是一件很棒的事情。但一定要记住,没有人能指引你取得自己的成功!相信我,你已经是一名出色的销售人员了,只是你可能还不知道而已。你在销售成功中所需要的一切工具都在你的内心深处,只要找到它们,并且善加运用即可。现在,你就可以利用这本书中的信息指引自己迈向更伟大的成功。现在就立下决心,让自己的销售提升到超乎想象的高度吧。你已经开了一个很好的头,因为现在你正发挥出更大的主动性,创造更多的改变!从现在开始,你的每一个毛孔都会散发出无穷无尽的主动性,光这样还不够。让耐力变成你的名字,比竞争对手工作得更久，销售得更多。如果这些让你觉得有点胆怯了，那又如何呢？让这份恐惧成为推动你在成功之路上勇往直前的动力吧。

你需要：

- 拿出主动性。你认为什么才是主动性呢？
- 深入挖掘，找到冲过终点线所需要的耐力。
- 让你的恐惧推动你迈向成功。
- 不要忘了：这一切都离不开信心。

第二章 "Yes"的力量

收件人：desperaterealtor@ryanserhant.com
发件人：possiblyfake@maybespam.com
回　复：投资！

亲爱的先生们：

我有一大笔钱想要在纽约市进行房地产投资，正在寻求帮助。如果你能为这笔投资施以援手，请答复。

诚挚感谢，

亚特兰蒂斯的X先生[①]

事后看来，这封邮件明显有股浓浓的垃圾味道。但是X先生卖的不是打折的伟哥，也没要求通过我的私人银行账户把他

[①] 我知道亚特兰蒂斯是个虚构的地名。我在这里隐去了X先生的真实身份。

的数十亿美金转移到美国境内。当时我刚踏入职场，而且那个时候非常渴望能增加手上的球，所以……我回信了。

"是的！我肯定会帮你找到好房子的！"

在按下"发送"时，我根本没想到这会让自己成为第一个排队坐上全世界最可怕、最离谱的销售过山车的人。

我通过电子邮件与X先生交流，对他有了一些了解，也更清楚他的需求了。当他说自己"在能源行业工作"时，我感觉就像是有人在我脑袋上插了一根锋利的红色小旗，上面写着"这个家伙完全就是个骗子，赶紧跑吧。"可是我没有。相反，我迅速地在谷歌上搜了一下，找了些证据让自己相信他是真的。应该是吧。通过他的名字可以搜到巴黎郊外的一座非常昂贵的房子。如果他能买得起那栋房子，那有可能他是来真的，而我就能做成职业生涯中最大的一笔交易了。我抱着希望，我跳了进去，我说了"Yes"。

我正好有一个合适的单子，而且这也是我当时经手过的最大的一个单子了。位于中城的一座豪华的四卧室公寓，带有独立的餐厅，开价850万美元。在看了公寓的照片和视频后，他给出了800万美元的价钱，经过与卖家的协商，我们把价格定在了820万美元。成交！真是难以置信。在连续几个月的租赁单子之后，我竟然在网上把一所超贵的公寓卖给了一个偶然发

第二章 "Yes"的力量

邮件给我的人。这件事情一点都没毛病。我请自己吃了一顿超级大餐作为犒赏。接下来我只要弄到几个签名，收下定金，然后完成交易就行了。没错吧！就在这时，这个简单的房地产交易故事就转变成了一部迈克尔·贝的电影①，我的职业生涯和自我意识差点就在一场火光四射的末日审判大爆炸中一蹶不振了。

  X先生人间蒸发了。他不接我的电话，不回我的邮件和短信。我不知道他人在哪里或者如何联系他。我刚说服卖家接受他的报价，结果这个人实际上可能是个12岁的黑客，正坐在位于美国中西部某地的贴满蜘蛛侠海报的房间里嘲笑我。他也有可能是个海盗。谁知道呢。我已经开始后悔晚餐时点的那瓶超贵的红酒了。我干吗不买一份便当带回家吃呢？卖家现在急着要把合同给签了，而这栋房子"买家"的身份越来越令我如坐针毡。我不想令卖家失望。我已经向他们做出了个人的承诺。作为销售人员，你说出来的话就是你的契约。告诉他们，"哎呀，对不起。结果那个买家并不是什么外国土豪，其实只是个过家家的电脑黑客团伙的成员罢了。"这是不可能的。实际情况是，我只是还不确定而已。如果我100%确定买家是假的，那么我就必须坦率地承认，并且承担后果。可是这是我拥有的唯一一个买家，所以在确定他是假的之前，我会凭自己的力量想尽一切办法让这笔单子成交。于是，我发了一封夸张，甚至有

---

① 译注：参考他的《变形金刚5》，就是爆炸、爆炸再爆炸。

成交闭环

点冒风险的电子邮件：

我知道你大多数时间都在亚特兰蒂斯处理"能源"的事情，而且你提到过你在巴黎有房子，所以我计划来一趟巴黎，如果你有机会给我几秒钟时间，而且你其实不是一个想要盗取我身份的罪犯的话，我想完成这笔交易。

他立刻回信说：

明天怎么样？

见面交流在销售中是很重要的。只要我的客户对交易抱持观望态度，或者犹豫着不肯迈出下一步时，我就会立刻安排一次面对面的交流。人们常常会难以做出决定，而且如果你不在他们面前，他们就不会看你或者想到你。虽然我们很容易忽略短信和电子邮件，但要忽略坐在正对面的人就没那么简单了。所以只要有机会，我就会安排当面的会议。当面会议能向客户展现你有多大的诚意。到最后，你还能节约时间、获得更多的成交量，并做好准备处理下一个球。

塞尔汉的秘密之三

永远不要低估面对面交流的力量。有的时候电子邮件和文字信息是不足以让生意成交的。

第二章 "Yes"的力量

我刚才没说自己其实根本没有飞往巴黎的计划。现在我有计划了。我想要让这个买家知道，我拿出了所有的诚意想做成这笔生意。我渴求着这次销售。这一点都不夸张，因为我准备把自己最后的几千美金用来坐飞机去巴黎，见见这名潜在客户（或者罪犯）。我甚至都没有打包行李。我穿上一套西装就登机了，除了合同什么都没带。我很紧张。虽然我告诉X先生要来，但并没有正式地预约过。在尝试查询他的地址时，我发现他的办公室位于一处空荡荡的停车场，或者说在一家法国汽车经销商后面。这并没有什么可疑的！经过漫长而难受的飞行后，我在第二天早上抵达了巴黎。我打车来到了他告诉我的地址。这个地方的确存在！不过别高兴得太早了。这里一个人都没有，而且看样子，这个地方似乎很久都没有住过人了。我挤在两个鼾声震天的游客之间一路飞过来，怎么能无功而返呢？于是我坐在门槛上，等他来。中间我吃了个马卡龙。然后又等了一段时间。接着我决定了，"好吧，我觉得该吃个可颂了"。我找个地方给手机充了值，又吃了一个马卡龙。继续等待，周而复始。一天下来，我开始觉得灰心丧气了。我成了一个上当的傻瓜。我的情绪从对自己生气转变成了失望。我怎么这么蠢？接着我陷入了从未有过的低谷。我感觉自己真的没资格当经纪人。为什么其他所有的经纪人都能轻松成交，而我不行？当我坐在门槛上自怨自艾时，我思考着回去以后该怎么跟别人解释。比如说，"哦，这次出差很棒，可惜他必须去桑给巴尔岛买一头大象，所以没办法和我见面"。或者我可以说，"他的海盗日程安排得太紧了，要去公海上劫掠船只，所以我们就没能一起吃饭"。再不济也可以说，"他妈妈不允许他和陌生人出去玩或者购买好几百万美元的房子，因为他其实是个小孩子"。但在这个时候，问题出现了转机。我收到了一封电子邮件，上面是他当时正在泡吧的地址。他想让我去那里找他。我感觉就好像拆开了一根巧克力条，终于找到了最后的一张奖券。他出现了。

X先生果真是个相当普通的人，只不过刚好有一群保镖围绕在身旁而已。他雇了一名助理，唯一的工作就是把咖啡递给他。他最喜欢的是700美元一瓶的冰伏特加，而且一直喝到凌晨3点才是最棒的。这真是太棒了，可是我来这里是想要签合同的，而他根本就没有谈这件事情的意思。X先生显然很喜欢观察菜鸟局促不安的样子。他就像是在玩一场游戏，而他就是规则的制定者。"如果我再喝一杯，你能不能至少看一看它？"我恳求道。虽然这不是我通常做生意的方式，但只要不是名声和职业，你想要什么就拿去吧。

正当我的眼前开始出现重影时，他同意看合同了。"我为什么需要提供这些个人信息？纽约的这些人难道不想要我的钱了吗？"他问道。虽然纽约的那些人绝对想要他的钱，但纽约那边想按照自己的方式获得这笔钱。在喝了几个小时之后，我依然能够唤醒自己作为销售人员的那一面，将他认为负面的东西翻转成正面的。我信心满满地告诉他："这在纽约市是标准

第二章 "Yes"的力量

做法。每个人都必须填写相同的文件,这样才能让这座城市安全。"虽然他似乎接受了,但并没有签下合同。几个小时之后,我才跌跌撞撞地离开那间酒吧,手里捏着签好字的合同。我赢了,但也只是暂时的。我回到纽约之后发现,X先生还没有把定金打过来。没有定金的合同根本就是毫无价值的一张纸罢了。那820万美元的10%在哪儿呢?他不会是像一部古老的西部银行劫案电影里那样,用袋子装现金运过来吧?在打了几百万通电话,好几次都差点心脏病发作之后,我接到了律师的电话,当时我正坐在出租车里被堵在路上。来自X先生的82万美元刚刚电汇过来了。我大大地松了一口气……

时间很快来到了X先生的成交之日。因为我已经有几周的时间没有他的消息了,所以我有点担心他会不会来。这个球在我的口袋里待了很长一段时间,我已经准备好把它搞定了。在成交的那天,我收到一条消息:

在文华东方酒店见面。现在。

我的天呐。他来纽约了!太惊人了。但话又说回来,开什么玩笑?不过我还是以最快速度抵达了上城区。然后我就坐在大堂里等,等了一个小时。我一边等一边提醒自己,他现在是这场交易的规则制定者,如果我按照他的规矩来,那么到最后就能捞到很大一笔好处。记住,这是我的单子,而且是直接客户,所以佣金就是820万美元的6%(也就是49.2万美元)。这比我觉得在整个职业生涯中总共能赚到的钱都多了!

  销售可能会成为玩一场你无权决定规则的游戏。如果我没能克制住自我意识,听任对方的领导,那么我与X先生的这场持久战就不可能完成。作为销售人员,你必须当个认真的听众,因为客户一直在发出信号,告诉你他们需要什么,以及他们想要通过什么方式做生意。在这种情况下,玩失踪、迟到,以及最后时刻的短信消息都是在说:"我是绝对的主导。我们正在按照我的方式做这笔生意,等我高兴了,自然就会签字、打钱和成交。"这是一场游戏,如果我想赢的话,就需要随波逐流,无论我喜不喜欢这样。当然了,我可以对这种做生意的方式提出反对意见,但这能改变什么呢?这样很可能就意味着失去这笔生意,而这是万万不可的。永远不要忘了,当你干销售这一行时,同时也是在做服务行业,而这有时就意味着你要灵活应变和遵守别人的规则。

塞尔汉的秘密之四

<u>成交就意味着要始终克制住自我意识。</u>

  他终于在一群保镖和助理的簇拥下来到了大堂,随后我们就坐上了一支黑色SUV车队。我感觉自己就像个特工一样(只不过没有枪,没有保命的自卫技能,也没有酷炫的墨镜)。

  我们驶入了曼哈顿拥挤的道路,简直像一辈子也到不了目的地。可是等一下……为什么我们正在通过前往高速公路的隧道？成交的地点是市中心啊！围绕在这场交易的可疑气味周围的恐惧感一下子又卷土重来了。我是被绑架了吗？就在我想发短信给我妈，说我遭遇了危险的时候，我发现我们抵达了肯尼迪机场。很显然，我马上就要当人质了。我们开到了一架黑色的波音747旁边，X先生下了车。有个人用银色的托盘送上了一瓶香槟。X先生跟那个人说了几句，签了一张单子，随后就回到车上宣布，"现在我可以去成交了"。有什么大惊小怪的。他只是在成交的路上买了一架波音747而已嘛！等我恢复理智，血压也回到正常水平之后，我们已经驱车返回了曼哈顿，并完成了当时我职业生涯中最大的一笔单子。麻烦把下一个球扔给我！

更多的"Yes"，更多的销售

回忆起这段经历，至今我都久久难以平静。飞到大洋彼岸寻找某个可能根本不存在的人，让他签合同。但说到底，这个故事的关键并不是我放下一切，坐下来喝奶咖消磨一整天，而是我对完成交易的全情投入。无论这笔生意有多大或者多小（或者多疯狂），我都会尽自己的全力来实现它。在吃下第三个可颂的时候，我想到也许其他的经纪人只会对简单轻松的交易满口答应，这令我感到很费解。也许这就是为什么当其他经纪人看起来游刃有余地解决一笔又一笔的生意时，而我却还在苦苦挣扎的原因。说"No"是很容易的。为无法成交寻找借口是很容易的。把可能出差错的，或者立刻会面对挑战的事情当作重点就困难得多，但这些都无法阻止我说"Yes"。

塞尔汉的秘密之五

几乎每一单销售都会存在缺点。你的目标就是将负面因素转变成正面因素。

当然了，有的人可能会觉得我是疯了才会去追寻一个潜在的海盗的足迹。可是你知道吗？如果别人觉得你疯了，那恰恰是因为他们没有勇气去做你在做的事情。再说了，别人怎么想又有什么关系呢？这是你的职业生涯，你的远大理想，也是你的丰厚佣金。几年以后，我还在乘坐X先生的疯狂过山车，而且上升的高度越来越夸张。他的房地产名录的价值高达2.5亿美元以上，猜猜看这些财产都是谁卖给他的？就是我。这上上下下的享受可不是白费的。

我对很多事情说了"Yes"：参加电视真人秀节目、销售一栋闹鬼砂石古屋、拿下在市场上被冷落了好多年的单子、帮已经炒了15个经纪人鱿鱼的卖家卖房子、为了能在一个新的市场里销售大量房屋而在布鲁克林区张罗一间为期两周时间的办公室。这样的事情数不胜数，而我说过"No"的单子只有一个：那间屋子里放养了一头老虎。这我实在是做不到。不过，X先生的那第一笔大单子让我明白了在遇到巨额销售时说"Yes"的真正力量。我之所以卖得更多，是因为当别人说"No"时，我说了"Yes"，而且在完成交易之前，我能够不断地引导客户迈出下一步。对每一个机会说Yes就是我相信自己，并昭告天下**我最棒**（就算我不是）的方法。我还发现，迅速地将负面因素转变成正面因素有助于更快、更频繁地完成交易。有的时候，你只要问自己"这负面因素真的是负面的吗？"就够了。例如，我在推销一套完全没有采光的房子，我就会把它当成一个正面因素，卖给几乎从不住在家里，或者只是回家睡个觉的客户。如果你根本欣赏不到的话，干吗花钱买采光呢？花点时间想想在你的销售领域，通常有哪些负面因素，而且诸如此类的负面因素很可能都已经让你听厌了。你该如何让客户觉得这其实并不是负面的呢？你该如何扭转乾坤？针对缺点做好准备，干净利落地将它们转变成正面因素，你将因此而获得更多的销量。你马上也能玩转更多的球，拿到更高额的支票啦！

意想不到的销售武器：即兴表演

如果你随便找个星期一早上我们团队例会的时间到我的办公室来看看，你可能会觉得自己走错了。你可能会看到一个穿着体面西装的大众脸男子说着："看呐！又下奥利奥雨了！"而坐在旁边的女士在学狗叫，再旁边那个经纪人则一边扇着"翅膀"一边唱着乡村和西部的小曲。别害怕。这只是我们团队的即兴表演研讨会。我们团队中的每一个人都要即兴表演一番。练习即兴表演是我们成为销售机器的秘密武器之一。当我还是个刚开始玩即兴表演的高中生时，我根本想不到即兴表演会在自己成为销售人员之后派上这么大的用场。即兴表演能建立协同效应,并让你的大脑学会持续不断地朝着积极的方向前进。即兴表演就是要全盘接受,并且在接受的基础上更进一步,添加内涵。即兴表演中不存在拒绝,在销售中也同样应该如此。如果有人说"大象生下了菠萝",你不可以一边说"什么?你是认真的吗?"一边小心翼翼地远离那个疯子。按照规则,你必须说"Yes!而且它们有6条腿呢!"没有什么东西是错误的。一切皆有可能!

"Yes"是任何销售人员的词汇表里最根本的一个词。对机会说"Yes",你才能玩转许多球。你必须说服客户,让他们对购买说"Yes"。你必须对冒险说"Yes"。而且也许最重要的是,当客户说"我只想从世界上最优秀的鞋类销售人员手上购买。你是最优秀的吗?"时,要跑到最近的山顶上毫不犹豫地大声喊出"Yes,我是最棒的!"或者直接站在椅子上也行,关键是气势。当你需要做一件新的,或者完全没接触过的事情,而且根本不知道该怎么办时,也要说"Yes",并且相信自己之后能搞清楚该怎么做。这将令你自动地领先于其他所有说"No"的销售人员。在参演《百万美元豪宅:纽约》时我彻底理解了何为经纪人之道。在2010年年初到哈德逊酒店与另外3 000名中介一起参加开放选角时,我还只是一个初出茅庐的经纪人。当选角导演在几个月后打电话给我,说他们很喜欢我的试镜,想让我回归时,尽管登陆一档全国电视节目对于销售而言是一个巨大的平台，但我并没有说"算了吧，我的经验不够。"要是那样说，就太对不起这个天大的机会了，就是这个机会后来给我带来了许多的球。如果你对一切的本能反应是"No"，那么就好比是任由一只小怪兽把这辈子所有的可能性都吃掉了。

每一场交易都是一幕新戏

即兴表演要求你仔细地聆听。如果你的对手说，"在蜘蛛窝里洗澡超级有趣"，那么就轮到你做出机智的反击了，比如，"没错，而且我宿醉得厉害时就用这招，立竿见影"。但是如果你没有竖起耳朵听，不知道他说了什么，那么你就会错过叙述这段话的机会（而且你会看起来像个傻瓜一样）。销售说到底就是另一种叙述，它是一段故事。如果你想要掌控叙述的走向（最好是朝着成交和大额支票的方向），那么就需要倾听客户对你说了什么。你不可能做一个单音调的销售人员。同一首歌不可能唤起所有人的回应，于是你的工作就是调节音调，弹出正确的音符。你必须不断地问自己"客户需要我做什么？"并根据他们的需求做出回应。问问自己：

· 在这一秒里，我能做什么让客户的生活更加轻松呢？我是否需要在更方便的时候安排一次会面，即便那会是在清晨或者在深夜？

· 这个人是否需要一个朋友？不是说要成为他们最好的朋

友,而是说你的客户是不是不太熟悉这种购买过程?他们是否需要更多的手把手的帮助?

·你的客户是否需要稍加刺激才能采取行动?他们是否只有等到从你这里购买的机会即将失效了才会行动起来?

学会在开口之前先倾听你的客户。花几秒钟时间消化一下他们刚才说的东西,然后再给出回答。首先思考一下他们对你说了什么,而且在说话的时候要表现出诚意。纯粹为了弥补沉默而满嘴跑火车是最可怕的。这并不能起到助益。最后你会给人留下拙劣演员的印象——只有在得到正确的提示以后才能说出死记硬背的台词。以奥斯卡奖获得者为自己的榜样吧!伟大的演员可以把一句台词演绎得如同从未听到过的天籁一般。他们能带人们经历一段情感旅程,体验泪水、恐惧或欢笑。当拙劣的演员用干巴巴的语调突兀地说出,"哦,不,我的妈妈,她已经走了。我现在还能做什么呢?"时,任谁都不会落下眼泪的。我不是要让你扮演某个角色,而是必须真诚待人。不过,也不要害怕在必要的时候激发灵魂深处的情感。好的销售人员就是这样确保为客户提供了需要的东西,并以丰厚的销售成果给故事画上句号的。

现在就注册参加即兴表演研讨会[1]的9个理由:

---

[1] 如果你住在北极之类找不到即兴表演机会的地方,请不要放弃。你可以拖着家人和朋友来陪你练习,或者和其他销售人员自行组织团队!请试试看,我是认真的。即兴表演可以成为让你的销售业绩提升到全新的惊人阶段的秘密配方。

1.即兴表演能放开你的心,与人们形成真诚的联系。在与不认识的人交谈时你会感到更加轻松和安全。

2.即兴表演能帮助你加快思考。面对客户可能发生的任何问题或异议,你都能立刻拿出解决方案。

3.在练习即兴表演时,你的大脑一直在发出Yes的信号。不成交(不达到Yes的境地)是不存在的。

4.练习即兴表演会让你迅速了解自己的强项和弱项在哪里。

5.你会学到如何配合演对手戏的伙伴,最后,你会发现每一场交易都只是一幕戏而已。

6.即兴表演迫使你先倾听,然后做出反应。倾听你的客户,了解他们的需求,这就是达成交易的关键。

7.在把即兴表演练得炉火纯青之后,你就能掌握叙述的技巧。你可以利用这一技巧控制交易的走向。

8.即兴表演有助于克服羞怯。

9.非常好玩。

打造属于自己的自信星球

我说了这么久要多多接球的道理。不过要想将这些球转变为成功的交易和大额的佣金支票,很大一部分是让客户对你所销售的东西说"Yes"。我都不记得有多少次,塞尔汉团队的成员到我办公室来,请我跟客户谈谈,就因为"从我嘴里说出来更让他们放心"或者"如果能直接从莱恩那里得到消息,他们就会相信"。

我一直乐于帮这个忙,因为我希望自己的团队成功,与我共事的经纪人能得到成长。但事实上,客户听我的话并不是因为我是个强大的巫师。我可不是什么房地产的奥兹①。买家和卖家之所以能接受我的话语,是因为我站在完全自信的立场上。我的自信让客户在听到比如"这是一间超赞的房子,我觉得你应该赶紧抢下来"时对我充满信心,事实就是如此,他们应该买这套房子,不是下周或者下个月——而是今天。如果你想让客户买下你销售的东西,那么就得让身体上的每一个毛孔都透露出自信。

你必须下定决心,除了成为全宇宙历史上最优秀的销售人员之外,不要给自己留任何后路。在职业生涯的初期,我给自己买了一张通往自信星球的单程票,并且再也没有回头过。我说要成为全宇宙历史上最优秀的销售人员是在开玩笑吗?当然了,有一点。这是一句可笑的话。难道我就不会犯错或者不用再学习了吗?绝对不是。但我知道,我会比其他任何人都更努力、更拼搏,为了完成交易并让客户高兴而真正尽己所能地做任何事情。在我的书中,这是让我做得最好的原因。而你可能凭借完全不同的原因成为最佳销售,那也很棒。

---

① 译注:出自《绿野仙踪》。

用不断的冒险成就销售

虽然今天的我可以坦然地走进董事会会议室，在像布鲁克林大桥一样长的桌子前面介绍自己为"世界上最好的经纪人"①，但是我依然记得做一个新人的滋味。这一点都不夸张。当我还是个孩子时，我家常常搬家。在一所新的学校里重新开始从来都不是一件易事，因为你一个人都不认识。成年时候结识陌生人已经够难的了，小时候则难上加难。在第一次来到马萨诸塞州时，爸爸向我和弟弟宣布，我们"该去认识些朋友了"。他有个计划。我们准备在托普斯菲尔德的山丘街上兜一圈，挨家挨户地做个自我介绍。我们的反应是，为啥啊？现在回忆起来，这真是个好主意。不过当时那个才五年级的我觉得这是世界上最可怕的事情了。爸爸告诉我们，"能发生什么最糟的事情呢？别人嘲笑我们，或者当场把我们拒之门外？那我们就知道这个邻居是个疯子，应该敬而远之。或者，你可能会遇到许多友好的人，里面甚至可能会有你最好的朋友"。

因为实在太害怕，所以我已经不记得造访的第一和第二间房子了。这部分记忆完全是模糊一片。第三间房子就不同了。我们遇到了贝达瓦斯一家。他们很友善，而且超级酷，我

---

① 如果你在想，"他是世界上最好的经纪人？拜托，不就是因为他上了电视吗"，当然了，上过电视可是一个很大的优势，因为它能开启许多机会的大门。不过当我在参加新的业务会议时，我也必须让别人相信，自己在电视之外的场合下也能做得很好。

和弟弟都觉得，爸爸是对的！就在那时，我头脑中有一个开关被触动了。我的恐惧转变成了一场游戏，而且我想要赢下来。"我们能敲开多少扇门？一天下来，我能把多少个朋友收入囊中？"当然了，对于一个刚转校的五年级害羞鬼而言，在爸爸的陪伴下敲门也不算太难，但这一经历带给我的终极经验可远不止于此。我明白了，冒险是可行的。要是我没有听从爸爸的计划，那么等到第一次走进学校时，就不可能认识任何一个人了。但是，因为冒了险，我就自动地让自己站在了离成功更近的位置。

销售也是一样的道理。诚然，风险会令人害怕，例如，主动给客户打电话、与陌生人见面、给新客户做介绍、打乱通常的销售说辞。或者，你可以将恐惧推到一边，专注于可能在门的另一侧等待着的奖赏。那是新的客户、新的交易和更大的单子吗？你想要什么奖赏呢？销量翻倍？赚钱供孩子上大学或者享受梦想的假期？塞尔汉一家和贝达瓦斯一家成了世交，而这都始于我们站在他们家门口的那一刻。我根本想象不到这样的风险会带来如此丰厚的回报。如果门的另一边可能存在这么大的奖赏，那么你就该伸出手去敲门。行动起来，冒个险。你还在等什么呢？

别让羞怯阻拦你的成交

虽然我可以走进房间，告诉任何人我是全宇宙最棒的销售员。但是这并不意味着我就可以像脱掉一件臭烘烘的运动T恤那样把羞怯甩得远远的。即便到了现在,这依然是我必须努力克服的。上周我站在一个房间里,到处都是不认识的人。我非常讨厌这种感觉。我当时为了希腊倡议(Hellenic Initiative)组织的一场庆祝活动而打算与伊米莉亚见面,这场活动对她来说非常重要。我比她先到,发现整个大会议室里全是些希腊人。他们都三三两两地在愉快地聊着天,好像都是认识了几十年的老朋友。我的第一反应是独自站在角落里,低头看手机,或者干脆回家去。我从吧台拿了一杯香槟,开始在房间里尴尬地转悠,眼睛则盯着手机,看看有没有什么有意思的新消息(然而并没有)。在像个怪人一样在房间里转了半个小时以后,我终于不得不鼓励自己下水了。虽然我知道自己并不想这么做,因为我知道肯定会遇到冷场和无所适从,但是我强迫自己直接走向距离最近的那个人。那是正在拍摄这场活动的摄影师。**我决定用"你好,我是莱恩"做一个精彩的开场白**。我们聊了几分钟,他给我看了他孩子的照片。还好,我没淹死在尴尬的海洋里。我挺过了第一次跳水,可以尝试潜得再深一点了。接着,这名摄影师向我介绍了几位他的熟人,他们都很友好,乐于跟我交谈。我感觉渐入佳境,可以畅游其中了。这时,我的叔叔来了。这是见到他令我感到最开心的一次。

在挨家挨户地敲遍了街上每一户人家之后又过了好几年,我们又搬家了,这一次的目的地是科罗拉多州。我当时已经上大学了,所以并不需要为重新交朋友而烦恼,不过我的弟弟还在念高中。他必须重新来过。虽然任何一个高中生碰到这种事情都会像他一样紧张,但是我却为他感到非常兴奋。我的高中生活过得并不怎么样。虽然我参加了剧团,但做回自己的时候还是不能完全放松。我不是运动健将,脑子也不是特别聪明。我是那种喜欢每天背诵诗词,还穿着宽松的夏威夷衫的人。如果未来的莱恩能给高中的莱恩送去一条信息的话,那就会是:抛开羞怯。不要害怕冒险,因为你没什么可失去的。诗词和夏威夷衫都很赞,而且你就算不是曲棍球队成员也没啥关系。我把这些话都告诉了弟弟。他用心听取了这些建议,成了他们高中最受欢迎的一个孩子(虽然他确实穿着打扮得比我好)。

  我们是销售人员,这就意味着我们不得不永不停歇地与人见面和交谈。我们必须始终留意机会的出现,因为任何地方的任何人都有可能成为我们的下一个最佳客户。我也依然必须提醒自己,下一个大客户可能就是我在派对上不敢搭话的某个完全陌生的人,所以我应该放下手机,从角落里走出来。我知道无论自己在职业生涯中取得了多么高的成就,迈出第一步永远都是最难的。但我决不会让这一点阻碍我。所以,等你下一次对冒险感到忧虑时,只要记住,到最后如果你能把手机塞进口袋里,从那个角落里走出来,让全世界知道你其实有多么出色,那么你将抵达一个超乎想象的更广大、更美好的天地。

  难道你不想看看自己能创造什么样的传奇吗?

塞尔汉的方法

多说"Yes"＝多销售。就算你不知道该怎么做或者从哪里开始,也不要害怕说"Yes"。有多少销售人员就因为对踏入未知领域感到担心而将机会拒之门外,说出来都令人难以置信。说"Yes"会让你在竞争中取得极大的优势。不过我也明白,说"Yes"可能会多么令人害怕:我对许多机会都说了"Yes",而其中令人害怕的那些往往是回报最为丰厚的,无论是在金钱上还是情感上。不要忘了你有学习的能力。要是别人觉得你是疯了才会说"Yes"呢?那就更棒了!他们连做这件事情的勇气都没有。

记住,说"Yes"可能意味着:

· 遵守别人的规则。

· 学习如何迅速地将负面因素转变成正面因素。不断地建立信心。

· 即兴表演课程能带来优势,因为这是销售的秘密武器。

· 每一次冒险都会增强你的信心。

如何磨炼你的成交技巧

虽然这一本书讲的都是如何做好成为最佳销售人员的思想准备,但我也插入了一些小练习。在任何情况下,你都不能在现实世界的客户身上进行这些实验。这只是练习而已!我可以爬到健身房的器材上面提高自己的"爆发力"。但我不会跳到餐桌上向客户展现我的爆发力。这些练习都是很有趣味的工具。会做人的销售人员销路更广。这是真的！我过去当演员的那段日子让我在真人秀电视节目的世界里有了更充分的准备，这是理所当然的。所有的试镜、演出，当然了，还有扮演埃文·沃尔什四世博士，这些都让我更轻松地适应在私人空间（如车里、办公室里、卧室里和浴室里）中有电视摄像机的生活。你不需要去当演员，就算你从没参加过高中的音乐节也没关系，关键是要明白，我在本书中分享的一些疯狂的练习与演员的练习十分相似。我之所以将其加入本书，是因为它们能让你学会更好地做人。

提问游戏：

我相信你已经报名参加附近的即兴表演课程了，而且乐在其中，迫不及待地想让亲朋好友来看看你的第一场演出——你就是下一个蒂娜·菲！可是万一你想要在"即兴表演与地下城"结束之后的夜里继续演练，那么我觉得应该给你留一份家庭作业。

提问，以及接连提问，是销售人员技艺储备中的无价之宝。想一想，如果有人问你，"那么，你今天过得怎么样？"你回答说，"我感觉特别棒"然后就没有下文了，那么你等于是在告诉对方，这次对话已经结束了，而且还补充一点，你对他们过得怎么样毫无兴趣。这并不是能促进联系和销售的交互方式。为了保证你不会在与客户的对话中落入这样的死胡同，"提问游戏"就该出场了。找些朋友或家人（或者出租车司机也行）陪你做。这是个很简单的游戏。

游戏方法：

设置两分钟的计时器（等你练熟了，可以延长时间）。通过提问与对方展开会话。他们必须用另一个问题来回答你的问题。在整整两分钟里持续地来回提问。一旦失误，用陈述句回答问题的人就算输了。

第三章　找到推进成交的正确方法

当我在第36东街的开放参观日见到莱纳斯时，我觉得这是一个特立独行，甚至可能有点疯癫的人。当其他所有人都穿着西装，看上去好像来自某家法律公司的大办公室时，莱纳斯却穿着一件皱巴巴的亮紫色运动服，灰黑色的头发则一撮一撮地竖起来。尽管外表看上去有点不着调，但他散发出一股自信的气场，而且这种古怪的风格也表明他在我们身处的450万美元的豪宅里感觉毫无压力。

因为他一个人站在那里，所以，他看起来像是谁家的疯子叔叔一般，但我还是向他做了自我介绍。我称赞了他所选择的活泼色彩。紫色是我最喜欢的颜色。我们聊到双方都喜欢的戏剧。在递给他名片时，我以为再也不会见到这个穿紫色运动服的兄弟了。没想到第二天他就打电话给我了。他说觉得我不错，而且对市场也比较了解。他想让我带他看看曼哈顿的房子。虽然我从不以貌取人，但按照莱纳斯顶着爱因斯坦式的发型,露出与众不同的诡异的笑容来看,他可能是个四五百万美元身价的买家。

我刚接下了布鲁克林公园坡地段的一栋很中意的房子。复古翻新的细节、宽敞的卧室、大理石的厨房,一切都透露着精致。虽然莱纳斯想要一栋曼哈顿的房子,但我的直觉告诉我,他会和我一样对公园坡的房子爱不释手的。

当我向他提起这栋房子时,他说"布鲁克林的房子我是有点怕的",但出于信任的考虑,他同意跟我去看看。很少会有客户愿意跟我一路从默里山走到公园坡看房子的。但我也很少会遇到像莱纳斯这样的客户。他带了一个同样身着鲜亮衣服的朋友,二人在路上问起了一些非常少见的问题。在选购褐石建筑时,人们通常会问,"面积多大?"和"距离公园有多远?"纽约市的人们对于靠近公园的宽敞褐石建筑情有独钟。莱纳斯关心的东西则不同。他并不关心能否在朝北一侧划出两间采光和通风良好的卧室。他问的问题天南地北:"等等,这是哪条路?"好像他们不知道自己在哪里一样。后来又问"这房子靠近桥吗?"好像他们可能需要随时脚底抹油一样。当他们说想要看看地下室时,我心想,可不是吗,地下室就是他们开展什么畅饮的仪式、招募新成员的地方。不管怎样,我还是带他们走下了狭窄的楼梯。我尴尬地站在火炉旁,趁他们在四处查看,盘算着有什么东西可以当作武器使用。当莱纳斯说着"这里太脏了,叫人恶心"并爬回楼上时,我如释重负。

当莱纳斯离开时,我推荐他去看音乐剧《魔女嘉莉》

（Carrie: The Musical）。这是我当时刚看过的很精彩的非百老汇剧。两天后，莱纳斯打电话来了。他告诉我两件事：第一，他很喜欢《魔女嘉莉》。第二，他想要接受我那套公园坡联排别墅的报价。

我发电子邮件给他，请他提供资金证明，为资产背书，以便我向卖家提出交易。他回信的标题是"请谷歌一下，你看看行不行"。这样啊，好吧。我在搜索引擎里输入了他的名字。出现了一些链接，指向在萨克斯百货和布鲁明代尔百货公司等地销售的一些非常好看的衣服——哇，有一件紫色的天鹅绒衬衫？还有一些莱纳斯穿着各种光鲜亮丽的奇装异服与社会名流和模特合影的照片。原来，莱纳斯的家族正在经营的就是生产这些漂亮的紫色天鹅绒衬衫的公司。我要是早点在谷歌上搜索莱纳斯的话，就会知道他的家族拥有一家非常成功且著名的欧洲时装商店。我要是以貌取人地带他看些低端房子会怎样啊？莱纳斯刚刚来到纽约，开启他们在美国的业务，之前也从没来过布鲁克林区，所以他才会问那些奇怪的问题。而且他的身价大概在10亿美元，所以根本不在乎别人对他穿着的评价。莱纳斯摇身变成了个人英雄。

从我在2012年卖给他那套房产之后，莱纳斯通过推荐的方式抛了许多球给我，而且我们现在已经成了朋友。他的怪诞，令我心驰神往。况且他从来都没有尝试把我拉进某个组织里！当我在开放参观日与莱纳斯聊天时，我从来没想过他会成为这么多推荐的源头，也没想到会成为看这么多场戏剧的男伴。我和伊米莉亚与他度过了很多重要的时刻,如他宝宝的第一次生日派对。这就是销售令人惊奇之处,即几乎全世界的每一个人都是潜在的客户和朋友。走在路上的任何一个人都是一个充满可能性的球,不管他们是不是真的胖得圆滚滚的。我把价值数百万美元的房子卖给过身穿夸张的运动服的人,也卖给过羊毛衫的肘部都破洞了的小老太太。因为我们有时很难确定一个人是否真的有闲钱买东西,所以就要对每一个人持有开放和尊重的态度,避免犯下重大的错误。

如何把陌生人变成你的客户

我把房子卖给过在健身房里认识的人,也卖给过在星巴克里排队的人、搞金融的人、动物爱好者、号称自己是罪犯的人、医生、囤积狂、老奶奶、艺术家、大学新生,还有我在上海吃中饭的时候拜托"帮我拿一下馄饨"的一家子。走在路上的每一个人都是潜在客户。你一天下来遇见的每一个人都代表了一次潜在的销售机会。这真是太棒了,不是吗?不过,实话实说,这件事情棒不棒主要还得看你是不是一个在与人交谈时天不怕地不怕的人。销售人员必须找到属于自己的方法,与潜在客户形成联系。

当我在工作中初出茅庐时,是在国内一个人口最稠密的城市里租售公寓。虽然周围有几百万人,但对于如何将其中任何一个人转变成客户,我却一筹莫展。我曾经在星巴克里询问一名孕妇说"你想要换大房子吗?"尽管她并没有这个意愿,但却被我逗笑了。我与她聊得很愉快。我诚恳、开放而幽默。几天后,我向另一位孕妇提出了相同的问题,而那一次,我推给了她一套两室房。

塞尔汉的秘密之六

<u>人们不喜欢面对推销员,但却酷爱和朋友一起购物。</u>

销售的关键并不是重复一套陈腐的说辞,而是找到一种真诚的方式与他人产生联系。如果你想让顾客把钱花在你的身上,那么你就必须让他们相信你有能力带给他们想要的东西。人们不喜欢面对推销员,但却酷爱和朋友一起购物——我的团队天天都要听我念叨这句口号。想想有谁为你做过什么,比如,帮个小忙或者借点小钱,会这么做的人往往都不是陌生人。那是与你有关系的人。我遇见过许多人,他们从不建立关系或者人际网络,因为他们只想要立刻得到满足。绝不要与在今天给你带来好处的人打交道,而要找在将来给你带来好处的人。

在我职业生涯的初期,办公室里有两个以色列人卖出去好几套房子,于是我就问他们都是在哪里找的客户。出乎意料的是,他们的回答是"犹太教集会"。嘿,真是个好主意,我心想。可惜我不是犹太人,也不喜欢教堂。不过,我也有一件虔诚地去做的事情,那就是健身。

我曾经给上东区的一家健身房打工，在街角散发广告传单，以此换取免费的健身机会。不过这个时候，我已经是个实打实的、正常缴费的会员了，而位于苏豪区的这家名叫"春分"的豪华健身馆即将成为属于我的"犹太教集会"。我极其渴望把业务拓展到苏豪区这个市场，有了这个想法之后，我就立刻开始寻找客户。"想喝水吗？我叫莱恩。""需要位置吗？""你的运动鞋真漂亮！"虽然在大街上跟别人说这些话会很奇怪，但是到了健身房里，这些都是我用来吸引客户的台词，而且效果还不错。这一招屡试不爽，我甚至都开始沉迷于跟陌生人搭话了。在第一个星期，我接下了一间350万美元的阁楼，并在4天时间内把它卖掉了。我赚到的6%的佣金等于我在"春分"里干100年的收入。这一点都不夸张。而且这还只是个我在下午接待的客户。

我准备迎接更多的客户，那么不如在上午也开张吧！我加入了金融区的"三位一体拳击俱乐部"，这里是金融人最常去的健身场所。虽然我讨厌拳击，但这是一个适合锻炼和生意的地方。我立刻就遇到了来自花旗银行的弗兰克。我们一拍即合，那个月还没过去，我就把他在水岸街上的共有公寓给卖掉了。可是我晚上还是闲着的！我在纽约运动俱乐部办了第三张会员卡。它们在全市有150家分店，特别适合在心血来潮的夜晚小小地锻炼一下。如果我在上西区约了人，那么就可以顺便到第73西街的门店转一圈，并且保证自己在出门的时候要多认识一个上西区的朋友。通过这三家俱乐部的会员，我覆盖了纽约市的几乎每一个角落和一天中的每一个时段（不止如此，我身体也更结实了）。

虽然我在健身房里建立了许多联系，但在建立联系的过程中，我一直很小心。我不会走到跑步机旁边，打手势让别人摘下耳机，然后说："你好，我是房地产经纪人。这是我的名片，如果你想要买卖房屋，请联系我。"这么做又奇怪又让人讨厌，特别是当那个跑步机上的人挥汗如雨、上气不接下气时。

塞尔汉的秘密之七

<u>联系第一，产品第二。</u>

绝不要开口就谈产品。始终以建立联系为先。如果你在相亲时开口就问："你每月的收入是多少？"结果很可能不会给你好看。你甚至可能被泼一脸的饮料。销售与此有着惊人的相似性：在第一次遇见潜在客户时，你必须表现出真诚。送出一句真心的夸奖，或者用一个问题来展开对话。让对方以接受和微笑回应你。

一旦建立了这样的联系，你就可以慢慢地开始谈起你的产品。如果你很害羞或者内向，那么可以把接近新的客户想象成接近一个新的朋友。你最好的朋友对你而言也曾经是个陌生人。在某个时刻，你们相遇，建立了联系，而如今你已经知道了她最深处的秘密。比如，她每天都要喝5杯南瓜奥利奥香料姜饼星冰乐。

关键在于，我去健身房是为了健身，而不只是东钻西窜地诱惑客户。人们会因为类似的喜好而被他人吸引。纽约其他的房地产经纪人通过宗教、孩子的学校等因素与潜在客户建立联系。而我用的是健身房。这是我的招数，我会像挤蛋白质奶昔一样运用它。你的招数是什么呢？

找到你喜欢的地点，一个频繁出入、轻松自在，而且能遇见陌生人的地方。我也常常去保健品商店和苏豪区的运动鞋专卖店，漫步其中，我会幻想有一天我能有一个房间专门用来展示收藏的运动鞋。当我在其他运动鞋爱好者之间闲逛时，会说比如，"你穿的这双葡萄色 Air Jordan 1 Retro 特别棒"这样的话。曾几何时，光是想到要跟陌生人说话，我的心脏病都要犯了。而现在，这对我而言只是一句简单的问候，结果可能会带来新的联系和客户，也可能没有。

如果你想要真正提高生产力，那么就要给自己定个配额，每天至少认识三个陌生人，并得到他们的联系方式。实在不行，一开始只定下一个人也行，但要养成走到哪里朋友就要交到哪里的习惯。销售人员的联系网络就是货币。如果把认识陌生人比作赚钱，那么每天认识三个人，坚持一年就等于给自己额外存下了 1 095 个人的信息了，这可是只此一家的买卖！

塞尔汉的秘密之八

社交货币很重要。你认识的人越多，你能做的生意就越多。

如果一次简单的自我介绍或者擦肩而过的交谈能转变成一场不期而遇的销售,或者再好一点,结交一个长期的客户,那就赚翻了。我就曾经把房子卖给过在地铁上和厕所里遇到的人。任何地方都能建立联系。我和伊米莉亚在新西兰度的蜜月,这是我们一直心心念念的地方。我们当时住在贝壳杉悬崖旅馆,这栋小巧而华丽的旅馆距离我们在苏豪区的房子大约有15 000千米之遥。换句话说,我们离潜在的纽约买家和卖家远得不能再远了。

在某一天吃早饭的时候,有个人跟我搭话,我发誓我听到的是"切菜电梯"。新西兰人的英语都带有猕猴桃式的口音。我以为这是当地特别的招呼用语,于是也回答说"切菜电梯!"到最后我才发现,这人是来自曼哈顿上东区的方·冯·唐能伯格先生①,他和他的妻子布伦希尔德都是《百万美元豪宅:纽约》的粉丝,他们尤其喜欢第二季里我讲述把位于切尔西的一栋2 000万美元的顶层公寓卖掉的那一集。等等,我想起来了,那栋公寓带有汽车电梯。我们简单地聊了几句,交换了联系方式,然后就各自回到了自己的假期中。

几周以后,我们都回到了纽约。我发了封电子邮件给他们,说起了在新西兰的那次偶遇。布伦希尔德在回信中提到,他们的两个孩子马上要从大学毕业了,需要找个地方住。噢,真的

---

① 一看就知道这并非他的真名,不过仅供参考,他的真名比这还要夸张得多。

吗？我安排布伦希尔德看了几套房子，随后他们选中了位于西苏豪区的一间能轻松容纳两个孩子的价值400万美元的两居室。要是我当初没有强迫自己放下手上美味的比利时华夫饼，在度蜜月的时候跟一个陌生人打招呼，随后与他们相知相识，那么这场交易就不可能发生。每一次相遇和联系都很重要。

请想想你的一天是如何度过的。你在哪里会遇到志同道合的人？你喜欢到哪里去？对你而言如何才能自然地展开一段简短的会话？任何地方都可以——公园、咖啡馆、瑜伽房，等等。从简单的会话开始，比如"哦，这是杏仁小饼干吗？我一直想尝尝看味道好吗？"只要这样就够了。你不需要计划去看场电影，或者在他们度假的时候替他们遛狗。从简单的联系开始，让它慢慢地发展壮大。

就算过一百万年我都想象不到自己能平均每周认识超过一百个人。我并非拥有结交陌生人的天赋，都是靠长期锻炼出来的。就说举重吧，你不可能第一天开始就能举起最重的那个杠铃。你会从适合自己的那一个开始，随着身体变得越来越强壮，你就可以把重量加上去了。认识陌生人也是一样。也许你开始只能每天认识一个新朋友。熟能生巧之后，你可以增加第二个人，等到没啥问题了，再增加到第三个。这些锻炼很快就会转变成更有意义的人际关系，并带来更多的销量，因为人们不喜欢面对推销员，却酷爱和朋友一起购物。

在"咄咄逼人"和"客户至上"中找到平衡

谁会从小就梦想着从事销售职业呢?没有人。我们都因为各自的原因而进入了销售圈。你进入的原因可能和我的一样,只是为了付房租,后来却被这无穷无尽的可能性吸引住了。你可能是团队中最成功的销售人员,而且想要再接再厉,你也可能是正努力迈出第一步的新人。你可能根本就不是什么销售人员,但想要在自己所在的某个领域或业务中提高销售技能。不管你的背景如何,也不管你处于职业生涯的哪个阶段,我们都有一个共同点:我们想要把更多的东西卖给更多的人。我们希望抛起尽可能多的球,不是吗?

大部分销售人员要么过于强硬、咄咄逼人,一心只关注销量,要么就太随意,机械式地接受客户提出的任何要求。这两种情况都会阻碍生意的成交。要想高效地达成交易,你就必须在保持人际关系的同时将首要关注点放在销售上。

二手车销售案例

以二手车销售为例。根据我们的刻板印象,这会是一个语速很快、特别圆滑的人,穿着一件廉价的涤纶西装。这个人从来不听你说了什么。他不会花任何时间与客户建立人际关系。他只关心推荐产品,无论客户是否真的想要或者需要。他不关心你是不是来选购面包车的,他只想卖给你一辆科尔维特车。这远远超出了你的预算，而且根本不适合你的生活方式，因为你开不来手动挡，而且车上的空间也不够在后座容纳三个小孩。

此时可能会发生两件事情：第一，客户被吓跑，不会购买任何东西。第二，客户被说服买下了这辆科尔维特车，然后就取车上路了，但是要不了多久，她就会咒骂这名销售人员，因为她不知道如何驾驶手排车，变速箱被折磨得嘎吱响，而且因为后排坐不下只能坐在前排的小鲍比正在旁边踢她。这两种情况都无法产生满意的客户或者回头客。

当我开始完成越来越多的交易时，就会发现，当我与客户建立起真正的联系时，就能让他们明白我的产品有多么适合他们的生活方式，而非反其道而行。如果客户爱打高尔夫，那么，我就会指出住在离切尔西码头开车只有咫尺之遥的地方会多么有趣。在产品和客户之间建立这种个性化的联系就是关键所在，而且会为交易打下基础。它决定了你是完成交易，还是失去交易。

如果这个汽车销售员能花点时间了解客户，那么，客户就可能把所有的朋友都推荐给他，甚至邀请他参加烧烤聚会。遗憾的是，如此温暖而梦幻的场景鲜有发生，因为大部分销售人员都戴着销售的帽子，满脑子都是销量，气势汹汹地想要马上成交。他们为了销量而行动，于是他们失败了。

虽然我们都喜欢大额的佣金和大笔的成交量，但是有的时候，引导客户选择不那么昂贵的方案反而对长期更有利。鼓励客户购买超出预算的产品并不能带来回头客。做一笔小生意总比没生意好。满意的顾客会再次光临，购买更多的东西。

塞尔汉的秘密之九

<u>不要总是销售最昂贵的产品。</u>

导游案例

除了像这个汽车销售员盲目地为销售而行动，忘记了客户的需求，一些销售人员还存在着另一个严重问题，尤其是在我们这个行业，就是像个导游一样。"这里是玄关，这里是浴室，这里是墙壁，我们在走路，我们在走路。"这才不是销售，这才不可能卖得出去，这至少比那个汽车销售好一点吧！没错，但是要想卖东西，你的使命并不是比旁边那位兄弟做得更好。因为，房地产经纪人不能光是扭下钥匙，推开房门，打开灯，就等着有人掏腰包。所以，有人抱怨说："我搞不懂为什么那套房子卖不出去。我一直带人去看！"噢，是吗？你带人看房子了？

你打开了灯，还做了哪些事情？注意，这并不是销售。我们回头再看看二手车的例子。将那个刻板印象中戴假发的销售人员换成一个像导游一样的销售。你会听到这样的介绍："这是一辆车。它有4个轮子，能坐6个人，绿色，开了2年……"你会产生买下这辆车的念头吗？

无论你销售的是什么，一股脑地倾泻数据和指出产品的各个组成部分并不能激励顾客打开钱包下单。你必须利用专业知识将顾客与最适合他们的产品联系起来。史蒂夫·乔布斯说得最妙:"直到你把产品摆在他们面前,人们才确切知道需要什么。"虽然莱纳斯想要在默里山买套房,但我卖给了他公园坡的联排别墅。原因并不是我直接告诉他房子在哪里,建于何时,面积多大,而是源于我对莱纳斯的了解,让我相信这是他的最佳选择,而且他会喜欢的。

成交的关键在于触及感性。你越早学会摘掉"销售人员的帽子",并融入客户的情感和渴望之中,那么你就越能在交易时如鱼得水。如果你不确定该这么做,那就记住让销售人员鹤立鸡群的一点:为了"交易"而行动。

塞尔汉的交易法则

当我的团队成员遭遇障碍,感觉无法推动交易前进时,原因往往都是他们没有把注意力放在交易上。稍不留神你就会被卷入随销售而来的纠纷、事件和情绪中去。如果将注意力重新移回交易本身,你就会想起自己的任务:与满意的客户达成交易,而且这名客户还会再度光临,剩下的一辈子都会在你这里买东西。当你为了交易行动时:

· 你是势不可挡的:势不可挡的积极态度、充分准备和迅速反应。你的工作就是你的激情,而且这将从你与客户的每一次交互中体现出来。

·你有同情心：你的自我意识并不能帮助你达成交易，但同情他人却可以。买东西是一种感性体验。勇敢地站在他人的角度来观察，因为这可能就是帮助你成交的关键所在。

·你有耐心：虽然急于获得结果，但对待客户要永远耐心。

·你会倾听：你并不只是回答，而是回应。学会让顾客先开口。倾听他们在说什么，先认真理解，然后给出有意义的答案。

·你会带来价值：你利用与产品有关的专业知识让顾客与他们想要的东西更好地连接起来。

·你会尊重：尊重你的顾客、产品和过程。你的一切行动都是真实可信的。

有了成交才有销量。无论客户是付全款还是要议价，首先必须达成交易。你既不能强迫别人成交，也不能等着他们自然而然地落入你的口袋。这并不是说你就要让他们占据主动或者制定规则（除非你的销售对象是X先生这样的人，那样的话你只要听他们的就对了）。你要利用保证的力量促使他们对即将做出的金钱和精神的决定感到心安理得。我会引导客户从一个决定走向下一个决定吗？或许是的。当有人对决策感到惴惴不安时，我会稍稍推他一把吗？当然了。我之所以能卖给别人他们喜爱的房子，是因为我认真听取了他们想要的、需要的和担心的事情，而且我能让他们相信自己正在做出正确的选择。我一直强调要盯紧目标，而我的靶心一直都是成交。

找到让客户为你心动的"拍案时刻"

所谓的"拍案时刻"是我的最佳销售秘诀之一，这是从巴尼百货商店的一名鞋店销售员那里学到的。当时我从事销售行业已经两年了，收入正在蒸蒸日上。我终于有能力把我爸买给我的皮鞋更新换代了，毕竟我真的已经"踏破铁鞋"了。很显然，鞋子上面有破洞一点都不潮，只能让人觉得你很蠢。我来到高档的巴尼百货商店，告诉销售人员我想要一双250美元左右的鞋，我心里觉得对于一双鞋子而言，这价钱已经高得离谱了。他指向一双闪闪发光的蓝色鞋子，款式完全就是城市老人的风格，不过价格却在我的接受范围之内。除非我想买一双老混混的鞋子，不然就需要超出原本的消费计划，拿出更多的钱来。

他把我带到了另一个展柜前面。这个展柜里摆放了各种式样和价位的鞋子。一双简单精美的鞋子花300美元就能拿下。可是要想拥有一双令别人眼馋的鞋子，要付出的价钱就高多了。我意识到高档鞋子和曼哈顿的房地产有一个相似点。

"这双怎么样？我知道你不想花太多钱，但这双鞋很漂亮。你一定要试穿一下。"销售人员说道。他从一个漂亮的深紫色盒子里掏出一双鞋。没错，这是我最喜欢的颜色。刚一穿上，我的脚就爱上这双鞋了。就好比把一只可爱的小兔子变成了普拉达的拖鞋（但没有对小兔子造成任何的伤害）。这双鞋子舒服到令人怀疑人生，而且看起来也特别棒。我真的当场就感觉昂首挺胸，自信满满。这双鞋有魔力。

"对了，你在工作中要经常站着吗？"他问道。

"是啊，大哥，一直站着呢！"这时我的大脑正在为这不菲的价格搜刮正当的理由。他接着又告诉我这双鞋的品质和设计能够有助于避免膝盖损伤。我就开始心想，今天来这家店真是来对了。有了这双鞋子，我就可以省掉换两个膝盖的手术费了！

这双鞋子的品质和价值令我当场拍案叫绝。我在短短的时间里就确信了这双鞋子将会拯救我的职业生涯和我的膝盖。纵然我如此喜爱它们，但还是负担不起800美元的价格。我感谢了他，说这双鞋子感觉非常棒。

"没事！我让你穿是因为我也很喜欢它们。那你觉得这双怎么样？"他说着递给我一双450美元的菲拉格慕。

虽然比我的预算超出了200美元，但比普拉达便宜不少，因此我能更心安理得地买下了它。多出来的200美元只不过意味着我必须鞭策自己在这个月里多租出去一套房子罢了。

那一天，我带着新鞋子走出了那家店，同时也认识到怎样利用情感来推动销售。让我穿上一双远超预算范围的鞋子，却并不逼迫我买下它，只是创造一个触及灵魂的"拍案叫绝时刻"，这样就完成了许多重要的事情。

首先，我心动了。我无法相信一双惊艳的鞋子与一双好的鞋子竟有如此天壤之别，而且我能够亲身感受到。这是在对方有更多的支付空间时追加销售的好方法。虽然你无法控制客户的银行账户里有多少钱，但你可以控制如何将产品呈现在他们面前，而这将直接影响他们对其的感受。

在试穿了较好的鞋子之后，我确实花了更多的钱。"拍案时刻"也让我更清楚地认识到什么样的产品处于我的价格区间内。它有助于管理我的期望。没有人想听到，"好吧，你的预算有限，因此在你价格范围内的沙发真的都没那么好。可能这就是为什么你对它们都不满意的原因"。"拍案时刻"是一种更加宽容的方法，它会让客户了解和确认他们要买的东西。

塞尔汉的秘密之十

> 你没法跟别人的钱包谈判，但你可以和他们的感觉谈判。

我首先在一个名叫阿曼达的客户身上尝试了"拍案时刻"的方法，她当时正在曼哈顿的西部寻找出租屋，预算在3 500美元左右。我在带客户看房时，喜欢让他们了解各个价位的选择。通常，我会从他们预算范围内的房子开始。接着我会带他们看一处比较昂贵的选择，用以比较。而这时我会给这场寻屋之旅加入一点"拍案时刻"。

我带阿曼达去看位于第74街和西区大道的一间两居室。那是一栋有门卫的大楼，而且房间特别大，还有内置的书柜。虽然这房子开价每月3 400美元，但窗户外面是被挡住的。尽管她很喜欢，不过我能看出来，看不到窗外的风景令她非常纠结。她需要赶快落脚，不想错失良机（尽快定居纽约市）。我首先向她保证不会错过这套房子，但接着又提议说能否带她去看一个一定会令她拍案叫绝的地方。她同意了，于是我们就出发了。这间"拍案房"是有着阳台和开阔的城市景致的两居室顶层公寓，要价4 250美元。当我们走进去的时候，她险些没站稳。她径直跑向阳台。"这里要多少钱？我这辈子就想要这样的房子！"她宣布。

我如实相告，不过在她露出愁容之前，我就补充道："别担心，我知道这对于你来说有点贵了，再说了阳台有啥大用呢？我还有一间低一层楼的相同户型，只要3 850美元，不带阳台。想要看看吗？"她当晚就签下了租约。

策划一次"拍案时刻"能让客户更容易做出决定。而且你们在相处时也能乐在其中！在看到自己的价位能租到什么样的房子时，阿曼达就能坦然地将预算用足，拿下更好的房子（而与"拍案"的房子相比又远没那么贵）。

在那间屋子生活的时间里，阿曼达认识了她的丈夫。她邀请他到家里欣赏美景，至少她是这样说的。我在那天晚上不仅仅完成了一场交易，而且还交了一个一生的朋友。不久之前我们刚刚一起吃饭小聚了一下。她有了孩子，想要了解如何购置第一处房产的事宜。席间她起身去了一次洗手间，我注意到了她外套的商标——那是莱纳斯家族生产的。我哈哈大笑，给莱纳斯发了个消息。他立刻回复我："太搞笑了。我正好想到了你。我想要再买一套房子。"

塞尔汉的方法

销售人员一直在建立联系,也就是说,他们随时准备与商店里排队的人、派对上的人,乃至街上的人交谈!世界上的任何一个人都可以是他潜在的客户。

联系必须真实而诚挚:
- 销售并不是照本宣科,而是建立有意义的联系。
- 把跟新顾客交谈想象成与新朋友交谈一样轻松。

成功的销售人员为了交易而行动:
- 你并不是二手车销售员。二手车销售员过于强硬、咄咄逼人。他们是为了销量而行动。
- 你也不是导游。导游只是指出事物的存在。他们是为了客户而行动。

能够达成交易的销售人员:
- 势不可挡。
- 有同情心。
- 有耐心。
- 善于倾听。

- 带来价值。
- 对人尊重。

锻炼你的技艺

销售人员的肢体和声音就是他的工具。虽然这些练习看起来可能有点夸张，但如果你放不开，难以与顾客交谈，那么就应该试一下。如果你心想，"我不想做这些事情，因为那样好傻"的话，那又怎样呢？这确实很傻。可谁会在意吗？特别是当你变得如此放开时，就会比坐在隔壁的销售卖得更多。这怎么叫傻呢？或者你可以在家里，一个人的时候做这些练习（像我一样）。我们就把它当作两个销售人员之间的小秘密。

帮助你与顾客建立联系的热身练习

一、不可忽视的声音

姿势第一。

如果你希望自己的声音是传达质量的保证，让顾客相信他们正在做出正确的举动，那么就得从姿势开始。如果你站直身体，那么你的声音就能表现得最好。你也要保持放松，尽量别显得死板而僵硬。你可不想让人觉得你刚从冷冻了好几个世纪的低温舱里出来。僵硬会给人奇怪的印象。良好的姿势意味着呼吸更加轻松，也意味着声音更有感染力。

伸展——你的舌头。我是认真的。

如果你在大学里念的不是戏剧专业，那么很可能不曾与一群同学站成一圈，步调一致地吐过舌头。如果你想使说话的声音清晰而有力，那么这会带来意想不到的帮助。尽可能地将舌头伸出来，然后上下活动。将舌头抵在上门牙后面，然后往外推出去。脖子做绕环运动，放松肌肉。如果你到我的戏剧课上来看过，也许就能看到我们所有人一起动嘴唇，拼了命地吐舌头。这也是在开口之前给自己热身的好办法。最后再画龙点睛地打上一两个大哈欠。然后就上阵吧。

扭舌头。

如果你想要吐字清晰、语出自信，那么就要练练扭舌头。习惯在说话时嘴巴和舌头的大幅度运动。发音要清晰！反复地练习绕口令，可能会让你觉得很难，但在锻炼之后，你很快就会发现自己的声音变得洪亮而清晰。

二、不可忽视的表情

没有什么能比对着一张面无表情的脸说话更糟心的了。这很不自然，甚至显得怪异。尽量控制住每一块微小的面部肌肉，将情感更丰富地表达出来。尽可能大幅度地反复挤压脸部。想象一些会令你不得不这么做的场景，比如，你一不小心吃了一块过期一个星期的寿司。把这个表情好好地保持10~15

秒,然后放松。重复三次。接着再做出"惊呆!"的表情,朝反方向伸展你的脸。想象如果你家的狗狗突然开口对你说话了你会是什么样的表情。

三、不可忽视的仪态

你是只销售动物。

小时候,当我的哥哥们嘲笑我是"爱哭鬼莱恩"时,我会一把鼻涕一把泪地冲他们喊:"我不是爱哭鬼莱恩!我是狮子王莱恩!"事实是,我哭得稀里哗啦的样子并不能让人觉得我和狮子王有一丁点的关系。不过,这对我来说是一个简单却很有帮助的提醒,让我知道自己要比外表看上去更加伟大和强壮。下面这条可能是图书史上出现过的最诡异的建议了:将自己变成动物。如果你需要大幅提升勇气,也就是说,需要增强自己的个性,那就义无反顾地试试看。像狗一样吠,像狮子一样咆哮,需要的话还可以在地上打滚。撇开一切束缚,你没什么可失去的。只要你自己像头大象一样吹喇叭,那么至少跟新的顾客或者潜在客户交谈对你来说就不会显得那么艰难或可怕了。这没什么,真的。

第四章　百发百中的跟单法则

时间是2017年的4月7日,我刚刚把一栋1 700万美元的房子卖给了一个名叫塞巴斯蒂安·洛克的客户,我称他"国际神秘人",因为他看上去就跟某款啤酒广告里的那人毫无二致。我在一个下午的时间里就带他看了6套房子。他对其中一套一见钟情,当场就买下了。你可能在想:"你是如何在短短一天时间内做成这么大一笔单子的?是走运吗?还是借助于什么手段?请告诉我你是如何完成这一壮举的!"这听上去确实惊人。这是一笔大生意,我会告诉你我到底是怎么做的。不过事实情况是,这场交易在5年前其实就已经开始了,而我藏在手中的王牌就是跟单。经典的、有效运用的跟单法。

持久:持久的关注带来回报

成为跟单大师是销售人员用来提高销量的最重要的途径

之一。成功的跟单由三个阶段组成,不过我们先来说说第一阶段,它就好比是高尔夫球手挥杆击球一样。这是通往成交的第一步,如果少了它,你就走不了多远(高尔夫球可不会自己滚出去)。我并不是说要马不停蹄地发号施令,让每一个人都恼火到一见到手机屏幕或者电子邮箱里出现你的名字就感到心慌。好的跟单,就像一场好的高尔夫球赛一样,是一种艺术形式:需要靠练习、优雅和勤勉才能随心所欲地控制球的走向,并使球最终落入球洞。而且这一招百试百灵。如果我没有坚持跟单,那么虽然"国际神秘人"依然会买下一套贵得离谱的房子,但就不会是从我这里买了。别的经纪人将会获得那笔佣金。

一切得从2012年3月8日星期四说起。虽然我每天上班的时候都像打了鸡血一样,但这一天有点特别,我连一秒钟都不想耽搁,就想早点去办公室。上一次如此激动,还是我和弟弟在长达18个月不依不饶的哀求之后,在某个周二意外地收到了爸爸送给我们的游戏机那会儿。就在前一天晚上,《百万美元豪宅:纽约》第一季第一集播出了,这毫无疑问将会彻底改变我的职业生涯,而且就发生在这一夜之间。为了迎接即将到来的众人的惊叹,我把自己的桌子从阴暗的角落搬到了透着灿烂阳光的窗户边。我就像个扔下课本跟玩伴们出去玩的初一学生。我觉得自己就是天王巨星。我想象在走进办公室时引起一阵骚动:电话像发疯了一样在响,我的助手尤兰达会说:"莱恩,谢天谢地你来了。全市人民都打电话来了——每一个人都想让你做他们的经纪人。"

相反，当我走进办公室时一片寂静。我坐到位子上，打开电脑，结果啥都没有，没有任何重要的新邮件。有几个人找我聊起在精彩电视台的某档节目中看到了一个和我长得很像的人，建议我去看看。好极了。这一天过得漫长而痛苦。《百万美元豪宅：纽约》应该会让电话被打爆才对啊，结果我唯一接到的电话来自脸书上的一个四年级朋友，说我和电视上的一个人很像。

到了傍晚5点，我该去春分进行下午的健身和苏豪区的客户搜寻活动了，就在这个时候，故事开始了——电话响了起来。是纽约斯卡斯代尔的薇薇安·洛克夫人打来的。"我昨天晚上在一档房产节目中看到你了，"她说，"我记得好像是家居频道。总之，我挺喜欢你的。你很有意思。我和我丈夫塞巴斯蒂安正在考虑在市区买一套房子，想请你带我们看看。我们的预算大约是300万美元。"终于来了！一位300万美元的买家刚刚主动联系了我！太不可思议了！在职业生涯的那个阶段，我做过的超过300万美元的单子屈指可数。我计划第二天就去跟洛克夫妇见面。

第二天早上，我站在星巴克门口，惴惴不安地盯着街上的行人，想要找到我的客户。这时，一辆闪闪发光的硕大的路虎揽胜停在我面前。后座车门打开，走下来一位40多岁风姿绰约的女子和一位黑发灰须的男子。那位男士穿着我见所未见的高档西装，还戴着与之相称的墨镜和手表。由于我没有自己的车也没有司机，所以就问他们是想打车还是坐地铁去。他们哈哈大笑,说请坐在前排,他们的司机会载我们过去。那辆车散发出一股皮革的味道。我的生活就此改变了。我进入了房地产经纪业务的一个新维度,而我已经迷上这股气味了。

那一天,我带他们看了上东区的好几套房子。路途上,我们在车里聊了他们对纽约的新家有什么想法。虽然他们都是超乎想象的好人,但对于喜欢什么样的房子却有些出入。可是他们打心底里喜欢位于第70东街的弗里克收藏艺术博物馆隔壁的一套漂亮的两居室,但我还是没能让他们拍板。我坐他们的车回到了办公室,随后走进了星巴克,点了一杯印度茶拿铁,想要冲淡遗憾的情绪。

在接下来的几周里,我不停地给他们继续介绍新的房子。在应对买家时,保持这股冲劲是很重要的,因为一旦买家对花这笔钱的热度降低了,那么再让他们产生这个念头就非常困难了。

洛克夫人后来决定也可以看看其他地区的房子,如上西区、苏豪区、西村、翠贝卡区、切尔西区……后来还加上了金融区,我们是不是还漏了格拉梅西区?布鲁克林区怎么样?我们还没有把哪个区的每一块地砖踩遍呢!在之后的6个月时间里,我带洛克夫人看遍了从小巧矮房到高耸大楼的各种房子,只要她想看,不管是阁楼还是联排别墅,都有我们的足迹。有的时候,她的丈夫也会陪着一块儿看,不过大部分时间里,他都忙得抽不出空。于是,只有我和薇薇安·洛克夫人两个人在游览五个区里的各式房产,而且一次就要看几个小时。顺便一提,我现在已经不会这么干了。在与无数其实根本不会买任何东西的买家合作过之后,我学到了教训。现在我会评估买家的能力,帮助他们集中注意力,并让他们知道买房子是一个做减法的过程,而不是大采购。

不过,我从来没有放弃洛克一家。我带他们看了一年的房子,把全城都看了个遍。每次当他们就要提出报价的时候,塞巴斯蒂安总能找到一些反对的理由,比如,窗户太少啊,厅不够正啊,或者壁橱太小放不下他收藏的那些帅气西装啊。我开始怀疑,不管出于什么原因,这两个人在可见的未来是不会在纽约市购买房产了。也许他们只是喜欢房地产,或者喜欢看关于房地产的电视节目罢了。不会吧,我成了带他们逛房地产市场的电视名人!

在那段时间,我的业务可以说是蒸蒸日上,还有好多其他的球都还抛在空中。虽然我已经注册了格拉梅西公园的新开发计划,而且正在组建团队,但我还是没有忘记洛克先生和洛克太太。我决定要每三周跟一次单,严格执行,直到他们买下一套房子,或者直到哪天我在报纸上看到他们在蒙特卡洛的一场激烈的追车大战中英勇就义。我要通过电子邮件把我觉得他们感兴趣的新的开发计划和待售房屋,以及塞尔汉团队即时通信里的特别推荐发给他们,践行第一个"跟",即跟得持久。

成功的销售人员肯定是个认真尽责的跟单者。你准备好了要帮客户买东西,但客户却并不一定做好了准备。但是等他们准备好了,你就应该正好在他们身边,为他们做好准备。因此，你应该将自己的单子分成三大类，确保自己做到了适当程度的跟单。

热单：热的客户是现在就准备购买东西的那一类。他们计划好了时间点。你要每天与他们接触。你要让他们知晓任何的产品开发或者促销信息。你要明确表现出自己是在为他们努力工作的。

温单：温的客户是正在思考购买东西的那一类。他们有购买的好奇心。你应该每周跟他们接触一次，同时保证他们对开发和促销信息有所了解。

冷单：冷的客户是并不主动寻求购买的那一类，可是这并不意味着你就不用跟单了。你依然应该每个月与冷的客户接触一到两次。当他们决定购买的时候，你就正好出现了，真巧啊！

与"国际神秘人"的跟单还在继续。已经过去好几个月了，现在他干脆没了答复，就连洛克夫人也失去了联系。在我的日历里，每周都会给温的和冷的客户留出跟单时间。我每天都会和热的潜在客户交流。跟单确实不是一件有趣的事情，因此需要将它写进日历，强迫自己去做。为什么我要花整整一个小时的时间去跟单，而不去看《实习医生格蕾》(*Grey's Anatomy*)呢？因为我的日历是这样安排的，就这么简单。到最后，这就会变成自然而然的事情，就像肌肉记忆，你再也不需要把"跟单"写进日历了。不过在跟单对你来说变得就跟早上起来刷牙一样自然之前,它们还是必须出现在你的日历上。

虽然"国际神秘人"再也没有给我的电子邮件回信,但他还是会每过几周就收到我的消息,不过后来,他突然来了消息:

2013年12月12日,星期四

发 件 人:莱恩·塞尔汉

发送时间:2013年12月12日,星期四,下午1:30

发 件 人:塞巴斯蒂安

主　　题:第74东街33号

亲爱的塞巴斯蒂安:

您听说过在第74东街33号的新开发计划吗?那是一套6排房屋,原本属于惠特尼博物馆,现在被改造成了商品房。

总共10个单元,从单价4 000的三居室到单价10 000的五居室。起价1 300万。预计在2015年完工。

祝好。期待与您合作!

发 件 人:塞巴斯蒂安

发送时间:2013年12月13日,星期五,上午10:56

发 件 人:莱恩·塞尔汉

主　　题:第74东街33号

莱恩：

> 谢谢。我没听说这件事。可以考虑。
>
> 祝你一切都好，度过一个快乐的圣诞节和新年。

他回信了！我差点都要昏过去了，简直就像中了彩票一样。不过，"国际神秘人"并没有买下第74东街33号的那些华丽的公寓。距离1 700万美元的巨额交易还有4年和超过100次的跟单。如果你以为我知道他最后是一定会出手的，那么你可猜错了。如果你想知道我是否想过要放弃，那么答案是否定的。事情是这样的：大多数人早就放弃了。他们会把他扔在一边，就像是圣诞节的袜子一样。如果他现在并不会买房子，那何必费那力气呢？但是跟单是如此简单的一件事。当你将跟单融入日常的销售活动中，随手写出一封简洁而友好的电子邮件根本就不费吹灰之力，而且也不花你一分钱。连一分钱都不用花！发电子邮件不需要你付出任何东西，而且比你给自己泡一杯甜甜圈店风味的克里格咖啡都省时省力。如果洛克夫妇有一丁点的机会想购买一套房子，只要有一丁点，那么就一定会是来找我买。

在跟单的时候，不要只是送出一封群发邮件或者一张写有"你好，你还想买热水浴缸吗？我这里有一个可以卖给你。"的便条。这种电子邮件谁要看啊？始终在跟单邮件的信息中提供价值。加上一些促销或者新产品的信息。你刚好看到一篇文章说："有热水浴缸的人能放松身心，活得要比没有热水浴缸的可怜虫更久。"在附上这则消息的同时友好地提醒对方,你可以提供免费送货,但仅限本周!

我在社交媒体上关注了所有的客户。我还把他们的生日都记在了日历上。有一次我发现格里塔·兰伯特的儿子詹姆斯刚过了10岁生日。我马上就给她发邮件说:"哇。詹姆斯这么快就长这么大了,你们家肯定感觉有点小了吧。"格里塔回我说:"莱恩,很高兴收到你的消息,确实感觉小了!"现在她就成了温单,我会每周跟进,推荐给她一些所在地区的待售房屋。

友好的跟单具有更强大的影响力。

终于,在2016年12月初的一个星期天,我接到了来自"国际神秘人"本人的电话。自从圣诞节期间的那次简单的邮件往来之后,我就一直没听到他的消息,那已经是三年前了!在这通电话里,我了解到几件重要的事情。

1.他现在离婚了。嗯,并不令人意外。

2.他的经济状况改变了。他买房的预算从300万美元增加到了1500万到2000万美元之间。

3.他打电话给我是因为我"一直很勤奋地与他保持了这么久的联系"。

4.跟单真的有用,花那么点时间和精力是绝对值得的。

我们约了个时间,开始看房子,而这一次,少了洛克夫人，他就能非常迅速地做出决定了。他在2017年4月7日成交了。我的佣金支票高达51万美元，或者从我第一次认识他那天算起，等于每天得到大约280美元。

彻底：全面的跟进帮你把握每一个成交时机

位于第62西街61号的和谐屋是位于上西区的一栋高层，它靠近林肯中心和中央公园。虽然这栋建筑的名字很容易让人想起阳光和彩虹的画面，但是在21E室的房门背后却隐藏着一副完全不同的模样。房主看上去就是一股哥特复兴风格，而整套房子也装点得像是西班牙天主教堂一样。

到处都能看到壁画和祈祷的蜡烛，当我在房间中走过时，我感觉耳边都响起了风琴曲。在客厅里，紧邻着棕色的天鹅绒组合沙发的是一间来自19世纪的正宗忏悔室。这间忏悔室的存在非常合适，因为很快我们就会发现，这套房子就是为了有罪之人而设立的。初次造访这套房子时，我注意到在客厅的天花板正中间吊着一只钩子。那里还装了监控系统，你可以在这套房子的任何一个房间观看到任何一个房间发生的事情。因为哥特时尚对大部分人而言都与"甜蜜的家"八竿子打不着边，所以这套房子特别滞销。最后，在几个模特的帮助下，我总算创造了奇迹，在推销了6个月之后以全额报价把这间房子给卖掉了。

在待价而沽的那段时间里，我遇到了许多买家。其中之一的坎贝尔·基利安参加了开放参观日,想要为添丁的家庭寻找空间更大的居所。然而,他找到的却是一间临时教堂,显然和他想要的大相径庭。由于坎贝尔看起来是个正常人,所以我完全理解为什么这套房子不适合他。我将他加入了自己的数据库,随后就为他提供了全套的塞尔汉跟单服务。

最后,我的运气还不错,找到了机会把坎贝尔在上西区的复式阁楼给卖掉了。这套房子有许多优点:面积高达255平方米,有三个阳台,还有56平方米的室外空间,四间卧室和五间洗手间。这个地方对于一个大家庭来说是个理想之选。不过有优点自然也有缺点。这个地方有一个很大的缺点。两间阁楼被打通,不伦不类地拼成了个科学怪人式的怪物。各个房间的组合也毫不合理。一共两间客厅分别位于厨房的两侧,而且这套房子的楼梯比埃舍尔的画里的还多①。

这是个烫手的山芋。一走进房门,每个人都会立刻说"房型好奇怪",然后,通过其中一道狭窄而漫长的楼梯与之告别。但是,这套房子还有一个很大的优点,那就是给孩子们提供了够大的游戏空间,而且我后来真的邀请了一些妈妈和孩子来开派对。

于是就有了第二个"跟":跟得彻底。如果跟得持久能让你得到球,那么跟得彻底则能设定球的飞行方向。虽然我很不擅长打高尔夫球(还有棒球及其他所有球类运动),但我也知

---

① 译注:埃舍尔以其错视艺术作品著称,许多作品都有错综复杂的楼梯。

道，如果挥杆的时候不够彻底，那么打出去的球要么飞不高，要么飞不正。

当我为帮坎贝尔的阁楼找到下家而感到高兴时，我也发现房地产对于他来说算是个小小的兴趣爱好。他喜欢紧跟潮流、研究新的开发计划，并逐渐掌握市场的最新状态。他常常会联系我，打听他看到的一些待售房屋。又一次他想让我调查一下他感兴趣的一套房子，结果那套房子远在艾奥瓦州。有些房地产经纪人可能会嫌烦，或者觉得这是"没时间去做"的事情。每当我团队里有人告诉我说他们太忙了，没时间答复客户时，第二天这些人就不再属于我的团队了。客户服务和彻底的跟单非常重要，它们决定了像坎贝尔这样的客户会不会推荐业务给你。所以，即使根本不知道艾奥瓦州的房价如何，我也很乐意为他提供更多的信息。这对于我而言是值得的，因为每当坎贝尔想到房地产的时候，我希望他能自然而然地想到两件事：①莱恩是我询问一切与房地产相关问题的对象；②当我拜托莱恩做什么的时候，如果他答应了，那么他每次都能把事情做好。

塞尔汉的秘密之十一
<u>对待客户永远要像新认识时一样。</u>

客户数据库并不是邮件列表，而是关系列表。如果想要得到回头客，提高销量，那么你就必须小心地管理这些关系，即

便它们不会立刻为你带来金钱。我告诉我的团队，即使互相之间已经认识了好几年，也要把面前的每一个人都当作一个全新的客户。始终牢记，客户是你的社交货币。如果有人在10年前给了你一张百元大钞，那么到了今天它还是只值一百元！① 老客户的价值和新客户是一样的！

会打电话发邮件，谁都能跟得持久，但跟得彻底能带你进入下一个层次。做法很简单：你说了什么就做什么。如果你告诉客户你会研究一下，再反馈给他，那么就这么去做。如果你对自己许诺，说每天要认识三个新朋友，那么就不要对自己食言。兑现它。

如果跟得彻底，那么你就有很大的机会让客户意识到你的付出，意识到你在乎他们，而且他们也可以依赖你。当你想要在回头客身上取得更多的销量和建立更好的关系时，跟得彻底就是能让你脱颖而出的一种简单的战术。在我的彻底跟单下，坎贝尔从我这里买下了位于公园大道上的一套3 600万美元的房子。

通过跟得彻底，对你自己和别人负起责任。如果你告诉自己，要投入多少多少的时间寻找新的业务目标，却难以坚持这一承诺，那么你就需要创造些责任感。找某个团队成员一起拟定计划，或者组织一场竞赛来让自己行动起来。

---

① 如果你正掏出计算器，准备写邮件告诉我，由于通货膨胀，这张百元大钞现在其实已经不值一百元了，那么可以别浪费这个时间了，因为我会向你保证，我对通货膨胀的概念耳熟能详。我只是想举个例子罢了！

积极：积极的态度帮你敲下成交之锤

那是2016年12月的纽约。这意味着在年底以前，我几乎每个晚上都要在全城各处的节日派对上疯狂地参与社交活动。我当时在斯坦得尔德酒店顶层的爆爆屋里参加麦迪逊房地产的年会。这是一场很赞的社交活动。我站在人群中，认识了一个名叫乔纳森·斯特恩的银行家。我做了自我介绍，在与他握手之前还迅速把日式烤鸡肉串换到了左手中。斯特恩正在布鲁克林的绿点区开发一些房产，而这正是我特别感兴趣的地区。我们聊到绿点区如何迅速成为布鲁克林最炙手可热的社区，以及这片区域的波兰餐馆和艺术画廊的非凡组合多么惹人喜爱。我们交换了联系方式，后来我又去喝了一杯咖啡，品尝了一番各式各样的迷你汉堡，随后就与我的挚爱伊米莉亚一起回家了。在坐电梯下楼的时候，我给斯特恩发电子邮件说，我很高兴在5分钟之前认识了他，而且想要约个时间看看他的项目。我询问他是周二还是周三方便。

永远不要等待跟单的机会，现在就要跟起来。这是我引起别人注意的小技巧之一，没有人能比我跟得更快。而且当你想要促成这样一场跟进的约会时，要提出对你有利的时间。不要光问他们什么时候有空，你要成为你工作关系的命运主宰！

斯特恩回复说，他和他的小舅正在布鲁克林绿点区的麦克凯伦公园开发楼盘。太好了！不过他提醒了我，"我已经找了个经纪人负责这件事了,"他说,"那你还想来看看这楼吗?"

看楼的那一天,天气非常寒冷。因为当时距离我们在爆爆屋里的偶遇才刚过去几周时间,所以我把自己裹得严严实实的,我小心翼翼地朝绿点区前进。看完之后,我对每一个人道了谢,并告诉他们我会尽可能地给他们带来更多的买家。我把斯特恩的小舅查得·盖辛加入了通讯录,确保他们都能收到塞尔汉团队的每月即时通信。我并没有尝试把客户挖过来,因为这么做太损了,而且我经历过,并对此深恶痛绝。我开始积极地跟进。我与他们保持联系,想办法让他们看到我有多么勤奋,如果让我接下他们的下一个项目的话,我会有多么投入。虽然我不是这个项目的经纪人,但我希望,当查得计划新的开发项目时,首先出现在他脑海中的人是我。这对于我来说是个把球收入囊中的机会。

时间快进到6个月后。时值6月,我在一个周一意外地接到了查得的电话。他说他们准备开发我们在1月份曾经看过的洛里默868号,不过需要一名新的经纪人。他说我一直锲而不舍地联系他,而他就需要像我这样的一个经纪人来推销房子。"你有兴趣吗?""当然有。"接着他问我,"能不能在周四之前开始。""这样啊,当然可以。"

可我完全没办法在规定时间内准备好一切。对于如此大规模的新开发项目,通常我都得在至少6个月前就参与筹备,而且大多数情况下都要一两年后才能开始销售。这一次我只有4天时间!用4天的时间准备好所有的展示材料、数字和印刷的市场营销附件、楼层平面图、书面描述、编辑和推广广告、邀请函……林林总总不胜枚举。我们需要在不到一周的时间内就组织好一份市场营销计划、一套演讲，以及一支销售团队。这太夸张了，虽然我的头发肯定又白了不少，但我们做到了，而且效果出奇的好。我们在6个月内卖掉了楼内90%的单元，并在这一过程中打破了两项价格纪录。这一切都是因为我在结束节日派对后下电梯的时候给查得的亲戚斯特恩发了封电子邮件，随后积极地与他们保持了好几个月的联系。

跟得积极与对已有的客户跟得持久是有区别的。跟得积极是与过去的客户或者没有雇佣你的人保持联系，而这也是销售人员容易错过的最大机会之一。跟得持久好比第一次触地，关键是把球打出去。跟得彻底则是确保球能朝你想要的方向前进。而跟得积极则是重新控球，准备再次击发！这是高尔夫的规则，也是销售的规则。只要你能像我说的那样遵从这三个"跟"，那么就一定能把球打进洞里。

三个"跟"

我都数不清我有多少新客户是因为他们的经纪人在成交之后就再也没联系过他们，之后才来找到我的。真的是再没联系过一次。这是为什么呢？一想到有人竟然不积极地跟进客户，我都难过得想哭了。这是与回头客建立联系的一种简单而真诚的方法。这也是让曾经不属于你的机会有可能再度来临的一种方法。虽然我不是每次苦口婆心后都能拿到生意（这确实令我感到很沮丧），但我不会将其视为机会的终结。我依然可以通过跟得积极来让开发商或者客户知道我其实有多么优秀（以及他们下次为什么应该雇佣我）。

成交只不过是关系的开始而已。那种认为当顾客购买了产品时，这一关系就结束了的想法，是个严重的错误。成交代表的是在这一关系中开启了一个新的篇章。在销售之后也要跟得积极，也就是说，询问他们热水浴缸用得怎么样，厨房装修进展如何，或者他们为了参加女儿婚礼而购买的衣服是否惊艳全场。跟得积极会带来回头客。

纽约的另一家大型开发商手上有一个公园坡的独立产权公寓项目，我特别想把它拿下。尽管为了这个项目我掏心掏肺，但开发商并没有选择我，因为他觉得当时的我还不够格。我完全有可能感到生气或者愤怒。不够格？开什么玩笑？或者，我可以积极地跟进，证明他们眼中的缺点最终只是完全微不足道的东西罢了。我决定送开发商一份礼物，感谢他给我一个表现的机会。我订购了一棵3米高的无花果树，让4个快递员把它送进了他的办公室，还附上一张便条，上面只写了一个词——"冲击"。虽然我的新开发团队当时可能还很小，但请别搞错了，我对如何制造影响力可是了然于胸的。

他意识到了。经过两年时间和许多次跟进之后，他打电话给我，说有一个新项目，建成后将成为布鲁克林区的第一座超高摩天大楼。他想让我来做个介绍。我全力以赴地拿下了它，至少我觉得是这样。结果他告诉我说会在几个月内给我答复。

我可以被这件事冲昏头脑，像个等心仪的女孩子联系的16岁少年一样守着电话机，也可以把它当成一个积极跟进的机会。我和我的团队集思广益，想到了另一个制造影响力的方法，而且比送一棵树更加有效和有意义。我们买了一个非常好看、摩登，而且构造上很有意思的书架，送到了他的办公室里，不过光这样还不够。第二天，我们送去了一本附有便签的书。第三天也是如此。第四天一样。每一天都一样。在他决定选择哪一个经纪人之前，这个美丽的书架上都会摆上一系列精心编排的书籍。我知道自己是这个项目最合适的经纪人，并且下定决心在他选择我之前会每天送给他一本书。这能保证我拿到这单生意吗？不，并不能。但它能让对方在每次走进办公室时都不可避免地考虑我的团队、我们的热情、我们的决心和我们的情意。这就是巨大的影响力。

一个月后，他给我发了电子邮件。标题是"布鲁克林"。正文写道："你赢了。让我们开始吧。可以不用寄书了。"

作为销售人员，我们不可能一个不漏地得到每一个客户。听到"不行，我已经找别人在做了"也是我们工作的一部分。这确实会令人心情沮丧。虽然我非常讨厌这句话，但它并不一定意味着故事的结束。生意可能做不成了，但关系从来都焕发着生机。利用三个"跟"会让你赢得一些控制权。跟得持久、跟得彻底和跟得积极会让你得到额外的、免费的和轻而易举的机会，令客户知道你真正的能耐（比如，有多么惊人）。拿出你的日历，留出一些跟进的时间，看看这三个"跟"能给你带来什么帮助。

塞尔汉的方法

三"跟"法则是我最有价值的销售秘诀之一，我也不明白怎么会有人不时刻践行这一方法！在日历中留出跟进的时间，你一定会看到新的生意自然而然地落入了你的怀里。

持久：持久的关注带来回报

·绝不要想着别人会来联系你。

·在别人说"Yes"之前要不断地跟进。

·每天都要跟进活跃客户。

·跟得持久就好比开球，也就是说，这是第一步。

彻底：全面的跟进帮你把握每一个成交时机

·说到就要做到。

·在必要的时候就要承担责任。

·永远不要忘了你拥有的不只是客户，还有关系。

·跟得彻底会引导球朝你想要的方向前进。

积极:积极的态度帮你敲下成交之锤

· 与过去的客户保持联系。

· 成交并不是关系的终点。

· 与已经失去的客户也要多联系。

· 跟得积极就是把球重新收入囊中的机会。

第五章　层层把控成交的7个阶段

每个销售人员都认识这个客户，而且不管你来自哪个行业。莎拉想要的不是一套房子，而是一头独角兽。她想要的房子根本就不存在，也没有任何东西能让她满意。我带她看过上西区的一套两居室（她说太小了），也看过长岛市的一套三居室（她说太大了）。我也带她看过低楼层的公寓（她说太低）和高楼层的（"莱恩，这里我没法住，我恐高！"）。但我下定决心要找到让她中意的房子。在这个逐渐演变得极度漫长而令人疲乏的过程中，我想方设法地留意她喜欢和不喜欢的一切事物。她能接受新楼盘、户外空间和开放厨房，拒绝老房子和有猫的房子。她尤其喜欢在第23街上的一套房子。可惜的是，在看房的时候我们听到客厅隔壁的邻居吵架的声音，而主卧隔壁住的朋友肯定是个狂热的电子游戏玩家。位于上东区的一套待售房屋有一个很棒的阳台。但是，就在我们欣赏着美景，而她也马上要下单的时候，隔壁的家伙竟然从他家的阳台爬到了我们这一边，热情地向我们打招呼。

最后，我找到了一套房子，它满足每一项条件。没有猫，没有死宅玩家，也没有阳台蜘蛛侠。卧室的数量正好，也有景致美好的户外空间，虽然是顶层公寓但又不是太高，而且还有开放式厨房。当我们走进这套房子时，她并没有因为我为她找到了一头扇着闪闪发光、五颜六色的神奇翅膀的独角兽，而感谢我，反而只是看了几眼就说："不，我觉得这房子不行。"

虽然我还是想着与莎拉疏远一点，但第二天，我发现切尔西区有一套简直不可思议的好房子。它的价格不高，因为这栋房子周围都是些卖不出去的新楼盘。房子的景致很好，有户外空间，而且旁边还有很棒的健身房。我知道，如果这房子都不行，那就真的没可能了，我已经穷尽了一切的选择，是时候放弃这个球了。

我把地址发给莎拉，请她在那里跟我见面。我说我有东西让她看看，而且要准备好迎接惊喜。我抵达的时候看到她笑脸相迎："莱恩，我还以为你准备带我看房子呢。你如果想去别的地方玩，为什么不直说呢？"当我领她走入门廊时，她露出了疑惑的表情。我们走进电梯，随后来到了位于12楼的顶层，这个高度还不至于让她犯恐高症。这是一套很漂亮的公寓，有宽敞的房间和明亮开放的厨房。更赞的是，它还有带户外厨房的私人棚屋。虽然内部空间并没有她理想中的那么充裕，但所有的优点都令她非常满意，其中也包括离健身房很近这一点。她在那一天提出了报价，她终于找到了完美的家。

塞尔汉的秘密之十二

把一个个小格子勾满可以让你完成待办事项列表，但不能让你完成交易。

当莎拉拒绝了一开始那套我认为对她而言景致完美无缺的房子时，我都想要从这个历经千辛万苦才找到的阳台上跳下去了。它满足所有的条件，但却让她"感觉不行"。把每个条件的小格子勾满并不能让你完成交易。优秀的销售人员知道在交易的每个阶段应该对客户有什么样的期望，因为在经历各个阶段的时候，他们都能与客户的情绪保持同步。莎拉在寻找房子的过程中拿不定主意，总想着也许还有更好的。这并不只是关于一栋房子的决定，而是关于她的未来的决定。我并不是因为莎拉要求苛刻才怎么也找不到她想要的房子，而是因为她感到失望，也就是说，她已经进入了销售的这一阶段。当我能够对她的感觉感同身受时，就能引导她朝着正确的方向前进，并完成交易。当我们为她找到了一个完美的家，即一个让莎拉能心安理得地花这么大一笔钱的家时，她就能够签下名字了。往往会有一个隐藏的事物能将人推入做出购买决定的舒适地带。

我有个客户坚持要住在市中心，不管拿什么条件都不肯跨入第23街以北的地区，不过只有歌剧是例外。当林肯广场那里出现了一套看起来对她来说非常理想的房子时，我相信临近歌剧院会是一个令她一见钟情的加分项。虽然她一开始不情愿，但当我带她看了房子，并指引她朝窗外看时，我留意到她的眼睛都亮了。窗外可以看到林肯中心著名的喷泉，而且她真的只要坐在客厅里就能听到从歌剧院里传来的声音。就在这一瞬间，所有的拼图都集齐了。毫无疑问，她买了。

说到底，在每一场销售当中总是存在一个相同的情感周期，包含了激动、失望、快乐和轻松。要想管理好许多个球，你就必须准备好这一周期中每个部分的应对之策，并了解每个球都处于哪一个阶段。这就像是你必须严阵以待的一场正在成形的暴风雪。龙卷风并不是突然之间无中生有的，通常都会有预警的信号。下雨啊，刮风啊，奶牛飞上天啊，等等。不管顾客买的是一件婚纱还是一副滑雪板，都离不开这个道理。好的销售人员能学会预计交易的走势，也明白销售的每个阶段将如何帮助他们更快地完成交易。我们的目标是，毫发无伤地从最混乱的销售中活下来，即使它的毁灭性堪比F5级[亦称《上帝之手》(Hand of God)①龙卷风]也不在话下。

拆解销售的不同阶段

作为一名房地产经纪人，我见过的事情太多了。已经不会有任何东西能让我感到惊讶了。除了有一回一个客户送给我一只可爱的小猪作为礼物，这真是让我措手不及。不过，我进行

---

① 译注：一部剧情类美剧。

的每一场销售都必定会经历相同的七个阶段。这里头已经玩不出什么花样了。购物,无论是买一栋房子还是买一双鞋子,关键就是要掌握销售的七个阶段,而不仅仅是将它当作一种需求。① 当然了,我们都需要穿鞋子,也需要有房子住。人类是需要屋顶的生物,虽然我不知道你住的地方怎么样,但纽约市的街道真的非常令人讨厌,没人愿意光脚踩在上面。可是,如果购买一栋房子、一双鞋子,或者一次按摩(任何东西都可以,真的)只不过是一种需求,那么买任何东西就都绝不需要浪费超过几分钟的时间了。实际上,没有人会光着脚去鞋店买鞋。基本上,大部分人都至少拥有一双鞋子,而且从理论上说,你也只需要一双鞋子就足够保护双脚远离刺骨的寒冷和锋利的铁钉了!人们之所以去鞋店,是因为购买更多的鞋子可以满足他们的欲望。在每一场交易中,购买一件产品,或者说购买任何产品的情感过程都是一样的。有的交易就是要比别的快一些,有的则迟迟不肯进入正轨。但是在95%的情况下,每一次交易都会按照我接下来会描绘的同一套销售阶段,按部就班地进行下去。如果你学会了预测顾客在销售的每一个阶段可能采取什么样的行动,那么你就能占据有利条件,利用适当的工具,在下一步抢占先机,并不断地将销售推向成交的时刻。

---

① 我经常会举买鞋子的例子,因为我在买鞋子这件事上的经验非常丰富。

第一阶段：爱上产品的激情阶段

还记得在跟单大师那一章中的坎贝尔·基利安吗？我在他的顶层公寓里举行了一场亲子派对，然后就把这套打通以后布局诡异的房子给卖掉了。后来，我又幸运地帮助他买到了梦想之家，而且他给出的预算高达2 000万美元。

坎贝尔在看到这套房子的时候都要跪下了。他对这套房子十分满意！这是位于公园大道上的一栋层高足足有4.6米的美丽建筑。他都能想象在充满美食的厨房里为孩子们做烤饼，或者在宽阔的阳台上一边品着价值连城的苏格兰威士忌，一边欣赏这座城市的夕阳。坎贝尔已经迫不及待。接着，我公布了价格。开价高达4 000万美元。这套房子是我手上卖不出去的精品。我告诉他还有一套类似的房子，只是楼层低一点，层高也低一点。但是坎贝尔已经一见倾心，再也不能忘怀，即使要突破计划的预算也在所不惜。坎贝尔提出3 000万美元的报价，而最后以3 600万美元成交。这下，坎贝尔又迫不及待地要住进去了！

· 在激情阶段，买家的注意力都集中在产品的各种积极因素，以及它将如何改善他们的生活上。他们正在坠入爱河。

· 以下迹象表明你正处于激情阶段：听到例如，"我喜欢这个""我的天呐，我一想到要拥有它了就好开心""这是我一生中最棒的一天"这样的评论。

第二阶段：被消极因素打乱计划的挫败阶段

抱怨来了。合同迟迟谈不拢。卖家的态度特别强硬，坎贝尔提出的每一项让步条件都被回绝了。我提到过这房子甚至都还没有破土动工吗？当产品（住房、汽车、定制沙发）根本就还不存在时，这种挫败感就会更加强烈。坎贝尔开始觉得这套房子并不值得费这么大的精力。

·在挫败阶段，买家的注意力都集中在消极因素上，也就是说，他们突然就觉得产品的每个方面都有问题。虽然他们还没有从这场交易中全身而退，但已经感到厌烦了。这一阶段也可称为责备阶段，因为大部分买家都会因为自己的挫败感而开始责备其他人（绝大多数情况都是我们）。

·以下迹象表明你正处于挫败阶段：例如，不耐烦的电话和短信、无休止的询问进度的电子邮件、威胁退出交易的买卖双方。

第三阶段：发现风险、害怕损失的恐惧阶段

当卖家拒绝在合同上写明这栋尚未动工的房子内部的噪音分贝数时，坎贝尔的挫败感全面转变成了彻底的恐惧。他担心自己价钱开高了。如果卖家不方便承诺分贝数，那么肯定是在隐瞒什么！他害怕所谓的超高层高其实并不够高。最后，他

开始质疑自己是否正在进行一笔糟糕的投资。坎贝尔说服了自己，相信肯定马上还能找到同样好的房子，于是就放弃了这次的交易。尽管一见倾心，但他还是决定离开这套梦想的房子，离开有烤饼的舒心早餐和震撼人心的夕阳景致。我们又从头开始，寻找其他的房子。恐惧就像是龙卷风一样袭来，转眼之间就摧毁了一切。

有一个有趣的发展：在本例中，恐惧实际上让这次交易死而复生了！没过多久，坎贝尔就发现自己不可能再像爱上公园大道那套房子一样爱上别的房子了。他的恐惧从"我不能在这棵树上吊死"转变成了"莱恩，我都干了啥呀？我犯下了一个可怕的错误！你能帮我把它赢回来吗？"你知道盛极必衰的道理吗？在销售中则是反过来的：要先抑后扬（价格、交易、客户的情感状态）。只有当客户进入了恐惧阶段，他们才算是做好了情感上的准备，可以重新朝积极的方向前进，并完成交易。不管原来有多么恐惧，最后却得到了积极的结果。

- 在恐惧阶段，买家开始对想要的东西感到害怕。"我能处理好吗？""我是不是开价太高了？""我真的需要它吗？"他们会主动地质疑自己的购买决策。

- 以下迹象表明你正处于恐惧阶段：生气、不停地打电话和发短信、在半夜里发带有好几个感叹号的电子邮件、咒骂、咆哮、哭得更厉害（不过现在是悲伤而气愤的那种）。

第四阶段：交易前夕忧心忡忡的失望阶段

好消息，那套房子还没卖掉！卖家依然愿意交易，甚至同意在合同里对房子内部的噪音水平给出模糊的定义。他们起草了合同，然后签了字。但是在开香槟庆祝之前，失望就已经探出了它那丑陋而无比令人厌恶的脑袋。就在签下文书的那一刻，坎贝尔又开始担心自己出价太高了。怎么会超出了预算1 600万美元？他通知银行暂停支付。他感到失望，"必须再想想"。糟了！第四阶段是最可怕的。

·在失望阶段，买家开始衡量起购买之物的量级。他们开始显得不堪重负、忧心忡忡、冷漠疏远。

·以下迹象表明你正处于失望阶段：客户感到后悔和懊恼，忘记了这套房子/这辆汽车/这件婚纱等曾令他们渴望不已，而且对你的短信和电子邮件视而不见。

第五阶段：重拾积极、拥抱现实的接受阶段

坎贝尔还是承认了他一开始就知道的那一点：这就是他想要的房子，别的都没法和它相比。他付了定金，接下来就需要趁热打铁了。他的妻子觉得这房子远远超越了他们最夸张的梦想，这一点也令他感到很高兴。烤饼和鸡尾酒的愿景又近在眼前了。我还提醒他，我们已经努力争取到了最优惠的价格。他

现在内心冷静，行动积极。第五阶段是一段美好的时光。

- 在接受阶段，积极因素开始卷土重来。买家开始回忆起为了获得这件好东西而经历的一切！恐惧已经化为青烟，而喜悦再度爬上眉梢。
- 以下迹象表明你正处于接受阶段：开心的夫妇带着孩子突然来办公室看你，给你送上感谢信或者礼物。

第六阶段：拥抱未来的幸福阶段

坎贝尔越是想到自己这套不可思议的新房子，他就越是迫不及待地想要搬进去。他人生的下一个篇章即将从这梦想之家开启。他就像是在盼望生日到来的孩子一样，把日历上的日期一个个地划掉。他已经等不及这个重要的日子了。

- 在幸福阶段，顾客已经欣喜若狂了。这股喜悦堪比放暑假的前一天、圣诞节的早晨，或者妈妈对你说"好吧，你可以养条小狗"的那一天。
- 以下迹象表明你正处于幸福阶段：不断地发电子邮件询问产品什么时候能到货。他们把你介绍给他们的朋友，他们觉得应该都到你这里买东西。幸福阶段是请求推荐客户的最佳时机。

第七阶段：交易结束后肯定收益的安心阶段

就在坎贝尔买下那套房子之后没多久，就有人买下了他楼上那一间，价格是 4 500 万美元，也就是说，比坎贝尔的价钱高出了 900 万美元。市场潮来又潮去，但从买下梦想之家的那一刻起，坎贝尔就波澜不惊了。那个时机刚刚好。

在安心阶段，顾客已经对购买的东西泰然处之了。面临过的任何障碍、所有的起起落落都不重要了。买这件东西本来从头到尾都是他们的主意！这不就对了吗？

以下迹象表明你正处于安心阶段：听到买家吹牛，夸耀说，"我买的确实是个好东西""我不敢相信那个人多付了这么多钱！他真是太傻了！"

塞尔汉的情感工具箱

众所周知，销售之路通常都要与坎坷相伴。虽然我一直竭尽所能地让交易成功，但也有无力回天的时候。这就好比不治身亡，因此我只能选择放手。虽然大多数时候销售都如一团乱麻，但我已经准备了一套很有用的工具箱。里头装满了我用来缓和严峻局势，并逐步地引导客户经历销售的各个阶段的不同方法。没有哪一种解决方案能够应对销售人员将要面对的每一个问题，因为每一次销售都是与众不同的。不过我发现这些工具在许多不同的情况下都很有效：当客户不够配合或者玩失联时，他们可能正处于挫败阶段。如果客户的购物态度突然变得非常活跃，那么你就要准备好迎战恐惧阶段了，因为它就在下一个转角处，分分钟就会到来。如果你觉得现在需要引导客户进入一个新的阶段，那么就可以利用这些工具。

"我们都有过这种经历。"

有些交易特别棘手，到处都是如同电视剧般的情节，搅得我肚子里五味杂陈，我都想给客户提名托尼奖①了。这种时候，我就会提醒自己要有同情心。虽然我是个销售人员，但这并不代表我就能脱离销售的各个阶段。没有人能脱离这个圈子。记住我们有过这种经历会带来很大的帮助。我们都想要购买什么，最后也都坐上过情感的过山车。当我卖掉的房子越来越多时，我决定该给自己换一块好点的手表了，毕竟每个从我这里买了房子的成功人士都戴着不错的手表。我的老板陪我一起去了麦迪逊大道上的表行，而我就和自己的客户一样，一步步地经历了销售的每一个阶段！最后我终于发现了，那块闪闪发光的漂亮的百年灵手表。这座城市里很可能到处都有漂亮的手表，我必须把它们都看清楚了！最后，我买了下来，但又立刻为自己花了这么多钱而感到难过。我肯定能拿到更便宜的价格的。不过等我把它戴在手上时，它看起来是那么光彩夺目！

---

① 译注：全称安东尼特·佩瑞奖，被视为美国话剧和音乐剧的最高奖项。

感谢上帝让我买到了它！不然我还得带着一块斯沃琪手表满城跑！谁会雇佣这样一个家伙帮他卖房子呢？我在短短30分钟内就经历了销售的每一个阶段。因为买东西是一种情感上的体验，所以当你在棘手交易的乱麻中挣扎时，一定要记住这一点。站在客户的立场上思考，与他们对话，听他们的想法。试着说：

- 我们都有过这种经历。
- 我对你现在的情况非常理解。
- 我知道这样的决定是很难做的。
- 这是最难的部分，之后就简单了。

"我们是一条船上的。"

虽然我很喜欢推销砂石建筑，但这类交易很容易一触就破。如果我稍不留神，它们就可能会在某个检查员或者律师的手上一下子就彻底完蛋了。检查员的工作就是要找毛病，而这世界上根本就不存在没有毛病的砂石建筑。这些建筑大多数都相当古老了！如果得知买家会派人来检查房子，那么我就会告诉他应该对此有什么样的期望。我要让他们相信，当检查员回来告诉他们一座有7年历史的火炉有什么样阴暗而可怕的故事时，他们会惊慌失措。如果我不这么做，那么他们一听到像"含铅涂料"之类的词就会立刻放弃交易。我向客户保证，我们可以在合同里解决这些问题,没有必要逃离城市,跑到中西部找风景优美的错层式农场。

为了让销售的每个阶段都能顺利地走下去,我会尽可能地实话实说,并设定期望。我会帮助客户为可能的后果做好准备,并让他们相信我们会共同应对这些挑战。这简直就像是医生与病人之间的关系。当然了,你的医生多半是个很聪明的人,不过,当你在一场诡异的保龄球事故中砸断了所有的脚趾时,聪明与否并不能让你对她救助你的能力产生什么信心。关键是她有知识,你才会相信她能治好你的脚趾。她向你保证她能够担此重任,而且在你拄着拐杖一跳一跳地离开医院之前,你们都会共同努力。在任何类型的销售中,一旦形势变得严峻起来,你就需要建立起医患式的关系。你的客户需要意识到能够寻求你的帮助,而且在解决问题之前你都会一直和他们在一起。试着说:

- 我们是一条船上的。
- 在完成之前我会一直帮你。
- 在整个过程中我都会陪着你。
- 如果遇到问题,我们就一起一步接一步地解决。

如何面对犹豫不决的客户

有些人就喜欢处于黑暗、朦胧的边缘地带,就是不肯做决定。做决定往往是一件困难的事情。坐在沙发上边吃零食边看《黑镜》(Black Mirror)[①]要比做决定简单多了。如果你在销售行业工作，那么不作为就是你的头号大敌。在销售人员的眼里，没有什么比犹豫不决更令人不安的了。它可能会阻碍甚至扼杀一笔交易。为了对抗这一宿敌，我会利用推动、拉走与坚持这三驾马车来引导客户迈向销售的下一个阶段。

推动

大声命令客户可以有效地把他们吓走，他们要么会去找别人买，要么就会干脆躲开你。尽管我们不能对客户发号施令，但我们可以"推动"他们。我们可以帮助他们轻松地离开那个名叫犹豫不决的超级舒服的沙发。推动应该既温柔又坚定，而且可能就此让客户挣脱泥潭，做好支付的准备。推动的方法包括：

提供奖励：虽然我显然不想给别人留下"折扣经纪人莱恩·塞尔汉"的印象，但我也会精打细算地决定该如何降低自己的佣金，从而拿下我想要的待售房屋或者完成一次交易。想想看，你能为客户提供些别的什么，让他们今天就采取行动吗？他们正举棋不定的那件西装明天是不是要搞特价促销了？那就把促销信息告诉他们，而且你今天还会找经理给他们一个

[①] 译注：一部美剧。

折扣价。有的时候,增加一点小小的奖励就能让顾客点头。买一送一,免费送货。小小的奖励能创造更多的销量,而且能赚10美元总比没有好。

创造紧迫感:众所周知,得不到的永远在骚动。他们正在考虑的手提包是不是库存的最后一件了?通过分享这样的小提示来创造紧迫感。当然了,你需要知道创造出什么样的紧迫感才算是合理的。如果这个人从堆成山的毛衣里拿了一件试穿,那么他肯定知道这不会是最后一件。那就得通过别的角度来创造紧迫感。或许可以说:"你今晚要出去约会吗?你穿这件真好看!你应该穿这件去!"

拉走:让客户自发点燃对产品的兴趣

所谓"拉走"就是字面的意思:将一件物品拉得离客户远远的,促使他们主动求取。如果做得恰当,那么效果将非常明显。在采用"拉走"这一招时,必须要用得巧妙,因为这可不是把创可贴撕下来这么简单粗暴。我常常在推销非常昂贵的房子时运用"拉走"。有的时候看到客户在犹豫,我就不得不说:"这房子确实很贵,可能对你而言太贵了。我们去看看便宜点的选择吧。"这么做会带来一场即兴的"勇气测试",就好比在手机卡住的时候按下"重置"键。勇气测试会让客户意识到,没错,这就是他们想要的,而且没错,他们能够买得起。

"拉走"并非只适用于昂贵的产品。当你知道有什么产品并不适合顾客时,也可以很好地利用这一工具。在这个时候,作为销售人员的你就该出马拯救世界了!"哎,你在考虑买只南美洲栗鼠给孩子过生日吗?你考虑过荷兰猪吗?据说它们是孩子们的第一只宠物的首选,因为它们特别温顺而且好养!"等到这位家长意识到自己做了个更好的选择,而且这全都是因为你把她从南美洲栗鼠那里拉走了时,她就会在另一个孩子想要养响尾蛇做宠物时再次找你帮忙。

坚持:用不间断的沟通营销客户

在某些情况下,"推动"或者"拉走"都不怎么合适。到了这个地步,销售人员就需要靠"坚持"了。你既没有主动地推动,也没有将他们拉走,而是提醒他们目前正在考虑的产品对他们而言是完全合适的。最近,我的一个客户马上就要成交一套上西区的房子了,但价钱还差了10万美元。如果卖家不肯放低价格,客户也拒绝抬高。而我知道,这套房子的价钱其实开得正正好好!如果把开价压低了,就等于是在贱卖,对此我心里有数。我坚持游说这名客户。每两天我就会给他发消息聊聊交易的情况。一条消息是关于我如何努力地帮他留住了这套房子。另一条则是关于新成交的一套同类房子,相比之下,这套房子的要价算很合理的了。第三条消息则是建议他再来看看。他同意再看一次房子。我在交谈中了解了他的想法,很显然,他正处于恐惧阶段。我利用自己的工具让他的态度重新振作了起来，后来他就以900万美元的价格买下了这套房子。①

惊喜：在最合适的时机展示附加值

在引导客户完成销售的各个阶段时，惊喜可以给你带来一定的优势。事先声明，我不是说要搞什么秘密派对或者穿上小丑服从树丛里蹦出来，大喊"Surprise！"这只能把客户吓到。我的团队在运用惊喜时，会在销售过程中融入某种能推动形势发展的意想不到的元素。我们是通过改变呈现信息或者管理期望的方式来做到的。在许多情况下，销售人员不得不将令人不快的信息呈献给客户。在这一行，这通常意味着买家退出了交易。面对这种情况，我会寻遍手上所有的资源，尽快地找到新的买家。也就是说，我会打电话给客户说："坏消息是，那个买家退出了，因为他决定去莫斯科加入一支职业冰壶队。但是，好消息是我帮你找到了另一个下家！"坏消息就立刻被好消息取代了。对于销售其他东西的人来说，这可能意味着某件产品无法按时交付或者别人下错单了。与其打电话给客户告知坏消息，不如花点时间想想能增加点什么惊喜，弥补眼下的局势并维持双方的关系。"我很抱歉你的订单无法按时交付了。但我想告诉你的是，我会降低佣金来减少你的损失，你还会享受免费

---

① 只有在纽约市，区区1%的差距就能让一单900万美元的生意黄掉。虽然这不可思议，但这里需要记住的是，最后的关键因素并不是钱，关键的永远都是情感。

送货和下一次订单的8折优惠。"有的时候，只要超出预期就能轻而易举地起到惊喜的效果。销售是一种客户服务，绝不要忘记这一点！你可以通过无数种方式让客户知道你重视你们之间的关系。用你的韧性、坚持、同情和努力来给他们惊喜。我的团队在这方面可谓青出于蓝而胜于蓝。

"莱恩，你得打电话跟杰克逊·希契科克联系一下，现在就打。他现在处于第三阶段（恐惧）全盛期，你必须救救他！然后，你得给凯茜·门罗发个电子邮件，她处于第四阶段（失望），不过我估计很快就会恢复，要不了多久她应该就会到达第五阶段（接受）了。不过你还是得照顾一下她。"我的助手乔丹就像个分诊护士。他了解每个阶段的迹象，能够分辨客户是否正在从第二阶段过渡到可怕的第三阶段。他知道哪桩生意最危险，需要我立刻关注一下。对客户处于哪一个情感阶段了如指掌，这在我看来具有无可估量的价值。我不会盲目地打电话。乔丹已经针对我即将面对的客户做好了准备，所以我就能利用最合适的工具来处理任何情况。在知道了杰克逊·希契科克已经达到销售的恐惧阶段时，我就能想办法说些什么或者做些什么来增进他的信心，帮助他安全地抵达成交的终点，并在他的新房子里喝香槟庆祝。如果凯茜·门罗已经到达了失望阶段，那么我就可以分享一条新闻，说有比她高一个楼层但房型完全相同的房子卖出的价格比她的高了30万美元，让她感觉舒服一点。给她带来这点小小的惊喜，她就会自然地放下心来，相信自己赚到了。如果我没有留意客户的情感需求，那么必然会有一大堆伤心而孤单的球失手落在地上,要把它们重新抛上天,就很困难了。要是用对了方法,那么这些交易都能成功。学会辨识存在于几乎每一场销售中的这些重要阶段能帮助你把球稳稳地控制住。

塞尔汉的方法

理解并学会辨别销售的七个阶段不仅能帮助你更快地成交,而且会让你的生活变得轻松许多。

1. 激情:我超喜欢这个。我应该做好准备,因为我的生活就要彻底改变了。

2. 挫败:我不能完全掌控它。我该把这种挫败感发泄在谁身上? 我知道了! 就是那个卖给我这套西装、这辆汽车、这台冰箱或者这枚订婚戒指的那个家伙!

3. 恐惧:如果我找到更好的怎么办? 如果还可以谈到更好的价钱呢? 这是最适合我的东西吗?

4. 失望:我买下来了。我把钱都花掉了。我明明可以做得更好的。

5. 接受:好吧。买都买了,人生得意须尽欢。

6. 幸福:这实在是太棒了! 我对此感到很高兴。

7. 安心:能搞定真是太好了! 这绝对做得没错!

塞尔汉的情感工具箱

同情:"我们都有过这种经历。"设身处地。

保证:"我们是一条船上的。"反复保证你会一直参与到结束为止。

三个P

推动(Push):轻轻地刺激。

拉走(Pull):轻轻地拿开。

坚持(Persist):不断提醒顾客这是最好的产品。

惊喜

如何呈现信息能有最好的效果?做一个积极因素的三明治。将消极因素夹在两块积极因素之间。当然了,消极因素才是这个三明治中真正的那块肉,不过你必须先咬到美味的积极因素之后才能碰到它。

你可以采取什么行动来用你的热忱让客户惊喜呢?

第六章 你需要"FKD"体系

还记得 X 先生吗？你是否记得在几个章节之前，我坐飞机去巴黎找他，等待我的要么是卖给他我的第一套百万美元级别的房子，要么是在浴缸里醒来，发现自己少了一个肾。你肯定记得这个故事有一个好的结尾。真是不容易啊。经过许多曲折和度日如年的反复折腾，我完成了第一笔真正的大单子，而且还保住了所有的内脏！我感觉自己已无人能敌。这单生意刚结束，我就迫不及待地想要赶紧名正言顺地戴上明星房地产经纪人的帽子。然而，谁都没有回应我的广告、电话，甚至我寄出去的明信片。我在街上遇到的那些新客户也没有给我带来什么好运。我连一笔单子都完不成。这是怎么回事？难道大家不知道我飞去巴黎，在深夜买醉，最后让客户签下了一单合同吗？这就是鞠躬尽瘁啊。但是在把房子卖给 X 先生之后，我进入了一段特别漫长的"干旱期"。之后的四个月令人恐慌且失望。为什么没有效果？我难道并不是自以为的那个优秀的经纪人吗？

也许那一笔生意并非我想象中的职业基石,而只是侥幸而已。一个特殊的例外。一次随机而疯狂的交易,从一开始就不应该会发生才对。每一通没有回音的电话都会激起我新一轮的自我怀疑。

我有了个短暂离开这座城市的机会。我和家人去墨西哥旅游。一看到沙滩,我的心情就好起来了。我花了一整天的时间游泳和晒太阳。如果我的职业生涯走到了尽头,那么我也得先好好享受这壮丽的海滩,然后搬到科罗拉多州,在农场里赶一辈子的牛。但是海滩的太阳光十分毒辣,而我又有一个糟糕的习惯,就是会低估它的力量。等到吃晚饭的时候,我的姐姐看到我就说:"哎呀,你还好吗?"难道她光是看我一眼就知道我在四个月里什么都没卖出去吗?

"莱恩,你的脸怎么了?"她一说起我的脸,我就觉得有点刺痛感了。等到上主菜的时候,我的脸已经爆出了许多水疱。我的脸被严重晒伤,不得不窝在酒店房间里看肥皂剧,窗帘也拉得密不透光,脸上还涂了厚厚的一层墨西哥氢化可的松软膏。三天后,我决定鼓起勇气走出房门,去看场电影。正当我在看西班牙语配音的《波普先生的企鹅》(*Mr. Popper's Penguins*),还庆幸自己听不懂金·凯瑞的笑话,因为我的脸估计承受不住笑起来的疼痛时,手机上收到了一封电子邮件。

你好,我名叫马克西姆斯。我这儿有一张2009年的明信片,放了有一段时间了。你还在做经纪人吗?我在第56西街的

帝国公园公寓69楼有一套房子待售。它面朝中央公园。请回信。

要不是一张嘴脸就像刀割一样疼,我就要仰天大笑起来了。这不是做梦吧!帝国公园公寓可是个神秘的大楼。我听说过不少传说,里面的房子如同仙境,无比闪耀,而且超级贵。这是个很好的机会,而且时机也很棒。我当时感到非常激动,不过马上就想起了脸上的疼痛。就在区区几分钟之前,我还处于曾经发誓不会再次沦落到那种境地,担心在离开纽约回家之前,还能负担多久的房租。我想起了就在几个月前,刚完成X先生那套房子的交易时的那股激动劲儿。我已经尝到了销售职业所能带来的刺激感,而且想要再多体验一段时间,然后却一直风平浪静。当X先生碰巧给我发了电子邮件时,我算是走了运,而现在,我又因为有人将我两年前寄出去的明信片保存了下来而得到了一个绝妙的机会。可是,我想要成为一个守株待兔的经纪人吗?按照这个速度,我一年只能卖出一两套房子,而且还不一定。这是不够的。为什么我在等别人来找我呢?为什么我没有在创造自己的机会?在舔完最后一口杧果辣椒味的墨西哥棒棒糖时,我发现自己感到非常空虚,而且我认识这种感觉。这是我那天在地铁上感受到的破碎、恐惧和孤独,只不过现在它稍有不同。如果这种空虚感只是我的身体和心灵在告诉我,我还有更多的发挥空间呢?也许这种空虚感其实是一种饥渴。我渴望更多的交易和更大的成功。在走出那家墨西哥电影院的时候，我用宽大的墨西哥帽遮挡着阳光，在那张满是水疱红得像个西红柿一样的脸下面坚定了决心，我再也不要等待随机来临的幸运了。我需要重新定义自己作为销售人员的职业方法。从现在开始，像X先生或者等了两年才打电话来的马克西姆斯那样的例外交易都只是额外的奖励而已。我要当家做主，大步迈进，那就意味着我要尽可能地往空中抛出更多的球。每个球都代表一笔交易、一种可能、一次扩张和发展的机会。我只要按照从前没试过的方法组织一天的活动就行了。我将要脱胎换骨，而这就意味着我要想出一种方法将一切都掌控在手中，从而同时管理好多个球。

时间小偷与时间管理：如何管理工作负荷

关于如何成为一名成功的销售人员，市面上有数不胜数的书籍和研讨班。但令我感到沮丧的是，这些书中没有一本真正讨论过销售人员在一天之内能够做些什么，以及如何管理时间来提高销量和生产力。许多建议都充斥着如"开心点！只要跟随自己的热情，那么一辈子都不会觉得工作辛苦"之类的话，这样的建议能带来怎样的帮助呢？作为销售人员，时间是我们唯一的资产。因为一天里面你只有个把小时能够和尽可能多的客户交流，所以我们该如何将醒着的时间最大化地利用起来，完成更多的销量呢？

我从小就生活在一个纪律严明的家庭当中，那些规则让我在时间管理上形成了很大的优势。我知道说自己很忙的人大部分根本就不忙。他们只是承受不住压力,不堪重负,而且没有适当地管理自己的时间而已,结果他们就说:"我很忙。"人们并不忙,他们只是糟糕的时间管理者而已。除非你是个心脏外科医生,正在给某人的爷爷重新接上合适的心脏,否则你根本就不忙。你完全可以打一通电话或者回复一条消息(在做心脏外科手术的时候最好还是别这样)。如果不能适当地管理自己的时间,那么你就是在伤害自己。如果你稍有不慎,那么糟糕的时间管理还会影响到其他人,因为当你没有做好自己的工作时,往往就不得不拉上别人来解决问题。而且你知道这样一来你会成为一个什么样的人吗?一个时间小偷。

用早起成就更多的专注度

在早晨的前几个小时里,我可能就在别人还没倒好第一杯咖啡之前做了许多事情。我的一天实际上在前一天的夜里就已经在头脑中开始了。它通常会经历如下的步骤:

夜里11:00:邮件全部检查完,日历都设置好。等等,又收到一封邮件了!答复它!检查交易状态。亲吻熟睡的妻子。手机插上充电器。闭上眼睛。

凌晨4:30:我睡过了吗?睡过了。起床。检查脉搏。我还活着!

凌晨4:35：阅读《每日邮报》(*Daily Mail*)、《纽约邮报》(*NY Post*)。

凌晨5:04：泡碗燕麦片。喝水。

凌晨5:05：等微波炉。

凌晨5:06：我的天呐，才这么早。

凌晨5:08：真正吃上燕麦片。

凌晨5:15：检查电子邮件。回复那些一夜之间出现的电子邮件，让大家知道我比他们起得早。

凌晨5:30：去健身房。

早晨6:00：在健身房自拍。发到朋友圈里。

早晨7:00：冲澡。

早晨7:29：与伊米莉亚吻别。在冲出门的时候给她一个匆匆的拥抱。

早晨7:30：坐上尤里的车前往办公室。

早晨8:00：在办公室里的"发现者时间"。

塞尔汉的秘密之十三

你的早晨应该总是从前一天的夜里就开始了。在醒来的时候就要准确地知道这一天需要做些什么和面对哪些挑战。

我肯定不是第一个相信早起能提高生产力和增加利润的人。蒂姆·库克应该不会在11点左右起床，到了中午时分才出现在苹果公司。你起得越早，你用来征服世界的时间就越多。这并不是什么新闻了。不过我在太阳升起之前就把自己从床上拖起来，大步流星地赶去健身房，还有另一个原因。这意味着我一天中最艰难的部分在早晨6:30之前就已经结束了。从生理上，我已经熬过了300磅蹲举加300米冲刺滑雪的魔鬼训练，而且尽管我的大脑正试着告诉我已经没办法再做立卧撑跳了，但我还是战胜了自己！尽管我永远不知道这一天会面临什么样的挑战，但我知道如果我能坚持做完500个仰卧起坐，那么肯定也能处理好一个崩溃的买家或者一个在电话里冲我咆哮，觉得是因为我的错导致所有人都不喜欢他的《星球大战》(*Star Wars*)主题厨房的卖家。

你必须要做的最难的事情是什么？就是合上书本，现在就行动起来。

想要轻松地度过一天是人之常情。你想要睡到自然醒，喝杯咖啡，听听广播，挑挑衣服，或者在星巴克里坐一会儿，喝杯香草拿铁，慢慢决定如何消磨这一天。你常常要等到开始工作了才会意识到，自己得展开一场非常艰巨的谈话，或者必须给巴尔布打个电话聊聊他的订单。但后来你又必须去开会，接着又是开会，等到这都结束了，你又决定要把所有的电子邮件都回复一遍。给巴尔布打电话就像单曲循环的歌单一样在你的脑海中盘旋，而你一直置若罔闻。你的一天变得越来越忙碌，结果糟了，你没能拨出那通电话。现在你已经回了家，但并没有觉得轻松，反而压力重重、焦虑不堪。你整个夜里都辗转反侧，醒来的时候也觉得糟透了，始终对那通电话惴惴不安。

在塞尔汉的世界里，这样的场景会是这样发展的：在前一天夜里，你会思考接下来的一天会是什么样。于是你想到，对了，我必须给巴尔布打电话。这事情有点棘手！我要把它列为早上的第一件事。我在8:30有一个会，所以要提前15分钟去，把事情都做好。然后你带着拿铁抵达办公室，打完那通棘手的电话，发现情况没有你想象的那么糟，然后继续这一天的工作，但再也不会有一个唠叨的声音一直提醒你给巴尔布打电话了。夜里回到家的时候，你就不会有一丁点的焦虑，你可以真正地享受生活。拖延处理复杂的局面只能延长你的焦虑，令关系崩裂地更加彻底，导致事态的恶化。立刻处理问题还能增添一点惊喜感。你所传达的信息是："我完全没有逃避这场挑战，而且实际上，我还游刃有余呢！"接到你电话的人也会感到很惊讶，甚至可能会因为你的热切关注而卸下防备，因为没有其他人会这样做。

在我的日程表上，每个半小时都排满了预约和电话，也就是说，我的球满天飞。我在处理的一些球是你意料之中的。有些人指望着我帮他们把房子卖掉。我与他们保持着持续的联系，为他们提供最新的待售房屋和下家出价的信息。接着我要带想买房子的人去看房子，我要让他们了解所有新的房源。我还要找开发商开介绍会，保证自己的业务在不停地扩张，而且我还有一支由60名经纪人组成的团队，他们都要随时能联系上我。我的另一些球就有点非主流，其中可能包括：拍一张我和15条狗在床上的照片来证明我在卖的一套房子特别欢迎养狗族;在布鲁克林区骑环保电动车来推销我的房源;以及跑到宾夕法尼亚州的乡村地区,找个家具匠砍一棵树,完成《跟着塞尔汉学销售》一集节目的拍摄。如果你觉得这些事情杂乱无章,那么事实就是如此。我们都听过这句老话,"混沌之中产生秩序"①。而我要说:混沌之中产生销量。

塞尔汉的秘密之十四

<u>不要害怕逼迫自己揽下更多的活儿。如果你就是那个创造混沌的人,那么你也能够控制混沌。</u>

我知道,今天所做的每一件事情都会对明天产生影响。关键是要建立更坚实的基础,这样一来我才能卖得更多,获得新的客户,以及完成更多的交易。只有在竭尽全力后满足地入睡,对我而言才是真正的快乐。我的一天和你的一样,都是24个小时。我选择投入工作并全力以赴。而且我知道,成功的关键就在于将一天的时间分成三个不同的类别。

发现者、保持者、行动者方法

我感兴趣的并不是做成某一笔交易,就算它再怎么庞大也

---

① 译注:语出尼采。

没用。如果你觉得自己的业务或者工作就是卖出一件东西，那么这本书可能并不适合你。一笔生意是一件任务，而销售是一份职业。如果你想要拥有极其成功的销售职业生涯，那么就需要把许多球抛向空中，而且要不停地抛。许多的潜在销售就意味着有许多球，而你的球越多，销售越多，也就越成功。

当我从墨西哥回来，脸上也恢复正常以后，就认识到自己需要比目前做得更多，才能发展自己的事业。我该做何改变来取得成功，尤其是当我仍是个光杆司令的时候？我意识到，为了发展自己的事业，我需要戴上三顶截然不同的帽子。我不能光套上一顶写着"老板"的棒球帽，就期望自己的事业能完成神奇的转型。当老板或者首席执行官还不够，因为成功还需要财政计划和实干。于是，我就开始将一个工作日拆分成三个部分：发现者、保持者和行动者。

发现者

当戴上"发现者"的帽子（这当然是个比喻）时，你就是在致力于创造新的业务。你在开展推销游说、扩张自己的影响范围，并决定业务的前进方向。"发现者"会从整体运动的角度来考量业务。"发现者"必须扩充公司的涉猎范围。

保持者

当戴上"保持者"的帽子时,你就要关注业务的财务状况了。"保持者"负责经济预报、缴税、策略制定、预算创建,以及决定公司要花多少钱在广告和市场营销等方面上。当你想要为自己、为团队或者为公司设定目标时,就要把"保持者"的帽子戴起来。"保持者"明白,这些目标必须是实事求是的,而且还需要知道必须发生什么才能实现这些目标。"保持者"也要为时间做预算,因为时间就是销售人员的货币。你该花多少时间在新客户面前推销游说,又该花多少时间推销某个卖不动的产品?

行动者

"行动者"会认真地执行"发现者"带来的、"保持者"制定了策略并提供了预算的所有工作。"行动者"将带领业务走向胜利。在我的团队里,"行动者"要安排约会、管理展示、开展开放日活动,以及处理申请和合同等。"行动者"的工作是成功所必须要做的日常工作。

经历了墨西哥之行后,我带着在背面草草写下了"发现者、保持者、行动者"方法的卫生袋回到了办公室,感觉自己又重新恢复了理智。虽然没有该做些什么的明确计划,但我觉得自己迈出了作为创业者的重要一步。我再也不会在醒来的时候怅然若失了。现在我给自己一天的工作制订了行动计划，确确实实地在自己的日历上规划出了三个不同的部分。我在抵达办公室时会兴高采烈地戴上"发现者"的帽子。也就是说，我会以公司的"发现者"的身份热情高涨地寻找新的业务。这也意味着我需要采取措施创造新的关系和找到新的开发项目，因为"发现者"的专长就是扩张渠道，这是恒久不变的。如果"发现者"不做这些事情，那么"保持者"就没有项目可以管理，也没有钱做预算或者消费，而"行动者"就没有任何实际要做的工作。这些都是从上游的"发现者"开始的。因为我当时基本上还是在做租房业务，所以就决定要跟一些房东建立联系。我主动给他们打电话，自我介绍说能把他们的房子租个好价钱。在扮演"发现者"这一新角色时，我还主动联系了一些打广告自售的业主，虽然那感觉就像我当初邀请莉斯·约瑟去毕业舞会时那么惴惴不安。

在当"发现者"的第一个星期里，我跟一对在出售第60东街上的一套房子的夫妇见了一次面。那套房子的装潢出自麦当娜的室内设计师之手，而且里头所有的东西都是绿松石色的。当他们问我之前卖出过哪些房产时，我不得不坦白自己还没有相关经验。但是，我说服了他们将这套待售房屋交给我来卖。条件是，如果我在场的时候有人把它买下来了，那么他们就会付我佣金，而如果在一周内的其他时间，有人把它买下来了，那么他们就不用付给我一分钱。如果你以为我在第一周就把这套满眼松绿石色的房子给卖掉了，那么你就大错特错了。他们后来找了一个有着20年经验的经纪人。这没什么关系，我依然对自己信心满满。我已经戴上了"发现者"的帽子，按照精心计算且有条有理的方式寻求业务，这是我之前从未做过的事情。虽然没几个钱，但我仔细权衡了该在那套绿松石色的房子上面投入多少的金钱和时间。根据"发现者"的观点，我决定自己可以拿出200美元用于广告和打车。我可以每周拿出10小时的时间专门带人看那套房子。这有助于确保当我把它卖出去的时候，能获得可观的利润。

在制订出自己的"发现者、保持者、行动者"方法之前，我只是在"行动者"的模式下工作，也只是偶尔才会像"发现者"那样思考问题，而且绝对不曾有过"保持者"那样的计划。根据你在职业中的成熟度，工作的这三个阶段可能会有完全不同的表现。如果你处于早期阶段，那么一天中大部分时间都会处于"行动者"的阶段，就和我从前一样。这是正常的！但你也依然必须为"发现者"和"保持者"的工作留出时间。你可以比其他人都早一个小时开始工作，或者利用午休时间，或者强迫自己在哄孩子睡着之后继续工作。什么时间做都可以！但是，如果想要比其他人都卖得更多，你就得把花在"发现者"阶段的时间用来创造关系和推动职业生涯发展，而把"保持者"阶段的时间用来制定财务状况的策略。随着销售量的增加，你在"发现者""保持者"和"行动者"的工作上所花费的时间比例就会发生变化。我们可以按照这样的操作思路来执行这个方法：

发现者生产客户；保持者制定客户策略；行动者完成工作。

"发现者"的工作

尽一切可能寻找新的关系，可以是与大街上的人攀谈、主动打电话联系，也可以是光临三家不同的健身房。对自己承诺，每天都要认识潜在的客户。给自己定一个具体的数字，然后就去收集联系方式吧！

接着，在开始建立关系时，你可以利用目前的关系来培养新的关系。让客户知道你有多么感谢他们的推荐。从过去的合作者那里得到的推荐是最好的。在新的项目中也要记得利用过去的成功经验。例如，我的团队只要成功地把整栋楼都卖掉以后，就能利用这些成功经验，促进更多楼房的销售。

"保持者"的工作

你有多少可操作的资金都没有关系。如果想让业务发展起来的话，你就必须立刻开始做出财政上的决策。你会在市场营销上花费多少钱？你的目标是什么？你要如何达到这些目标？我一开始手上没多少钱。每收到一张支票，我都要留出50%的税（千真万确），40%用来付房租，剩下的10%则重新投入业务中。我利用这10%来制作明信片或者考虑投放广告。你可以找出适合自己的模式，但一定要确保业务得到了利润的反哺。随着事业的起飞，你就可以制定策略，通过其他方法来利用这些资金。要不要给客户买点礼物，或者请他们吃顿饭呢？这都取决于你的终极目标，在做大做强之后，你就需要做出更大规模的决策了。如今，我要为自己的团队做预算，还要决定广告支出、市场营销材料、团队出游和新人发展的策略。

如何制定切实可行的目标？设定目标对成功而言是至关重要的，而且是"保持者"工作中的重要部分。那如果实现这些目标呢？岂不是更好！不过，我发现大部分销售人员，在设定目标时都没有走上成功的轨道。我超爱宏大的目标！但前提是能通过有所帮助的实事求是的计划来实现它。我都数不清有多少次，让新的团队成员设定目标时，他们兴高采烈地说："我今年要做到100万美元！"我的回答是："那很棒哦！你要怎么做到呢？"然后，我们就着手把这个数字分解成多个小目标，看看他们必须卖掉多少套房子，价位又是多少，才能实现这个目标。他们马上就不会觉得这么兴奋了，可是目标不应该是这样的。目标应该能激励你！当你为自己设定目标，比如说一年赚10万美元时，就要把它精确地分解到必须卖出去多少产品才能达成这个目标。说实话，这个目标合理吗？如果不合理，那就相应地缩减一点，然后坚持目标不动摇，第二年再把指标进一步提高。

"行动者"的工作

"行动者"的工作五花八门。开灯、发电子邮件、接电话、查收电子邮件、投放广告、把明信片投进邮箱,只要是能让交易成功的任何事情都可以。我自己就做过各种各样的事情,包括大批采购多滋乐用来带客户看房、粉刷房子、布置房子,还要测量房子来确定能不能放得下沙发,以及把卖家忘记的垃圾扔掉。对于你来说,这可能意味着文书工作和合同,总之就是任何能支持成交的事情都可以。如果你是个新人,那么你一天中大部分时间都会面对"行动者"的工作,这很正常!在成长起来之后,虽然你会逐步扩展到"发现者"和"保持者"的模式,但很有可能在你的生活中始终还会存在"行动者"的工作。到最后,你可能会拥有一支出色的团队来解决"行动者"的工作。如今我已经(基本上)把采购多滋乐的事情抛到脑后了,终于能够专注于管理团队和行政事务了。

让我来拯救你的理智

在很长一段时间里,我都要戴上这三顶帽子。虽然我现在戴"发现者"帽子的时间要比刚进入销售行业时要久一点,但肯定也要每天戴一下"保持者"和"行动者"的帽子,只不过时间短一些而已。我的"行动者"的工作从不厌其烦地恳求房东把东村的一间5楼楼梯房的钥匙给我,转变成了与开发商和建筑师同席而坐，计划要在1 800万平方米的公寓大楼里规划什么类型的房子。不过，就算职业发展正处于三顶帽子都要戴的鼎盛时期，也不代表你就不能把一部分工作外包出去。人类不可能在同一时刻出现在两个地方（要是能做到就好了）。在谈出租房生意的时候，很可能同时还约了客户要看房。如果我能克隆自己，那么就能同时带三个客户看房子，可能收入也会翻三倍！但是我是戏剧学院毕业的，对体细胞核移植一窍不通，所以我就得请办公室里的其他经纪人帮忙。为了不因为太忙而失去客户，我会让其他经纪人去带我无暇顾及的客户看房子，到时候我会分给他们一半的佣金。不要害怕将工作外包或者分享给别人，这样能让你自己发挥更大的作用。你不可能包揽所有的事情。你在零售行业工作吗？那就把一半的店分给同事，让两边的顾客互通。

塞尔汉的秘密之十五

在球坠地之前能接住半个也好。

借助他人力量的另一种方法就是组建自己的小团队。在拍摄《跟着塞尔汉学销售》的第一期试播节目时，我的合作伙伴是马克。他在纽约市里推销高尔夫球具，但销路不好。马克所面临的挑战之一就是必须跟其他销售员争夺顾客。但如果马克和同事能组成团队，那么他们就可以齐心协力地称霸市场，赚到更多的钱。

销售是世界上最棒的职业，但也非常非常的难。在销售行业工作就像是坐过山车，而且是每天都在坐过山车，还得把眼睛给蒙上。你不可能每次都预料到前面有个超大弯道或者垂直速降。我领教过销售所带来的疯狂。它令人无法忍受，使你很容易就感到失落，而且还没有任何解药。我在彻底的绝望之中总结出这套FKD操作体系（F：发现者；K：保持者；D：行动者）。我需要拯救我的理智，而规则和结构就是解决方案。

早些时候，和许多人一样，我也没有老板。没人会告诉我该做什么或者什么时候去做。要是没有为自己创造一个工作体系，那我可能就改行做别的工作了，但自从开始使用FKD之后，我再也没有感到不堪重负了。所以我希望你也不用再经历这样的感受，因为它会让太多的东西岌岌可危，说白了，就是你的理智和职业。我希望你一睁开眼就能随时跳起来，迎接这一条的挑战，而且心里只想要做一件事：完成FKD。

终极销售机器的日程表

说到底，选择如何组织一天的时间，以及如何安排"发现者""保持者"和"行动者"的时间都取决于你自己。如果你和我一样，只是希望有人告诉你做什么、什么时候做能够变得更加成功，那么下面我就推荐一份日程表：

凌晨4:30：起床时间。检查电子邮件并回复。别人刚醒来就会知道你做生意的诚意。[1]

凌晨4:45:健康早餐。我喜欢燕麦片。

凌晨5:15:锻炼。身体是革命的本钱!

早上6:30:看报纸、寻找与你的业务有关的新闻。

早上6:45:洗澡、穿衣。

早上7:30:照顾妻子、孩子,例如,中午的便当、作业、告别。

早上8:30:抵达办公室,然后完成最困难的事情。

上午9:30:检查今天的日程安排。你要花多少时间做保持者的工作、行动者的工作和跟单?

上午9:45:团队会议,找一名团队成员聊聊项目合作的事情,借用他人的力量。

上午10:30:跟得持久,联系热单和温单。

中午11:30:跟得积极,发电子邮件给你错过的客户,问候他们,并告诉他们你手上的新产品。

中午11:45:保持者的时间,决定下个项目要花多少市场营销费用。

中午12:30:跟潜在客户共进午餐。

下午1:45:跟得彻底,为客户收集在午餐时提出来的信息。

下午2:00:行动者的工作,销售,销售,再销售。

---

[1] 如你所知,我是个早起爱好者。如果你实在是没办法起得这么早,那就根据你的起床时间调整以上的日程表。

下午5:00：跟进你刚刚在星巴克里认识的那个人。马上给他发电子邮件！

下午5:15：行动者的工作，准备市场营销材料开展头脑风暴。

傍晚6:15：生活，我的家、我的狗、我的妻子、我的孩子们。你们今天过得怎么样啊？

夜里11:00：简单地查看电子邮件。发邮件让大家知道你有多么积极！

塞尔汉的方法

在这一章里，我已经把自己成功的秘密告诉你了。如果你想让业务蓬勃发展，那么不管正处于职业生涯的哪个阶段，你都必须坚持每天留出时间进行FKD。"抛球"理论是提高销量的关键。有无数人问过我是如何管理自己的时间的，而现在我迫不及待地想知道在实行FKD方法之后，你们的销量有了多大的增长。

实行KFD

"发现者"：

"发现者"是决定业务走向的首席执行官。

"保持者"：

"保持者"是决定业务的财政状况的首席财务官。

"行动者"：

"行动者"就像个士兵，也就是说，认真地执行一切任务，并取得胜利。

锻炼你的技艺

你肯定已经发现了，我总是把"各就各位——预备——跑！"挂在嘴边。当我和我弟弟还是孩子时，我爸就会用这句话来鼓励我们行动起来，从那以后我就铭记于心。现在，当我说"各就各位——预备——跑！"的时候，就像是给大脑发送一个特殊的信号，也就是说，关键的不再是这句话本身，而是它对于我的意义。说"各就各位——预备——跑！"是我开始行动的仪式。

在说出这几个字时，我是在提醒自己集中注意力、主动出击、出类拔萃、努力奋斗。我其实并不是个迷信的人，我不相信如果我忘记说"各就各位——预备——跑！"的话，自己所建立起来的一切都会轰然倒塌，但是说实话，心里还是感觉缺了什么。这几个字能让我站稳脚跟，这就是为什么我坚持每天都要从这个简单的仪式开始工作。你可以考虑创造自己的仪式，并将其融入一日之计中，给你的一天开一个好头。

设计你自己的行动仪式

· 有没有一句话或者一个词对于你来说有特别的意义？

- 你有没有什么努力想要实现的目标？行动仪式能为你实现这个目标提供什么样的帮助？
- 这可以是适合你的任何方式，因为这是你的仪式，唯一的关键就是能激励你。
- 坚持将这一仪式融入每一个早晨。

第七章　工作的四大原则

2012年10月29日，飓风桑迪袭击了美国东海岸。纽约州和新泽西州附近的许多人都失去了家园，更有不少人失去了生命。当时还暴发了洪水，人群被强制疏散，城市的大部分区域都被隔离了。如果没有电力和自来水，曼哈顿就会变得一团糟。还好我没碰到什么危险和伤害。桑迪给我带来的最大的问题就是几天之内都要生活在完全的黑暗之中，因为电梯不能用，所以回家必须要爬14层楼梯，还有就是我想打电话的时候，不得不往市中心方向走20个街区才能让手机收到稳定的信号。

虽然和许多人比起来，我算是比较轻松地度过了飓风天气，但我的父母并没有因此少为我担惊受怕。在电力得到恢复，生活也回归正常后，他们就来探望我了。我一直都在努力工作，就连飓风时期也一样，而当时我正感受到这一切所带来的痛苦重压。我们坐在客厅里，我跟父亲抱怨自己要凌晨5点起床，而大部分朋友都能一直睡到早上7点，这实在是太苦了，而且销售这一行太难做了，因为没有薪水，没有固定的支票，没有福利，几乎完全没有任何保障。也许我应该回学校读一个工商管理硕士（MBA）学位。我也想再次享受周末的假期。我不知道当时的抱怨是为了什么。也许我想让父母知道自己有多么努力在工作，也可能我想要得到一点同情或者好好地打打气。

我的父亲打断我说："别说了。你以为我有哪次想要每天早起上班吗？没有。我想要睡懒觉，我想要出去玩，但工作不是这样的。"这完全出乎我的意料。在我的印象里，父亲每天早上都会在清晨5:50准时起床。他起床都不需要闹钟提醒。起得早已经融为他生活的一部分。我父亲不会浪费时间，而且因为他不用闹钟，所以连按下打盹按钮的机会都没有。他冲完澡，刮完胡子，拿上一片烤面包，就出门开始一天的工作了。而且没错，我一直以为这就是他想要的，以为他想要一直加班加点地工作。我父亲是我见过的最自律的人。一说到工作，他就像个军人一样。他赶在黎明之前早起了这么多年，曾经抱怨过一次吗？

为你的职业而努力，而不是为了工作

从小到大，我们一直生活在绿荫环绕的环境中。我们的邻居可能是外星人，但我们一直都不知道，因为我们看不见他们。有了这么多树，草坪上就永远有清理不完的小树枝。我和弟弟从一年级以后就一直靠着勤劳地收集小树枝来赚钱。长大了以后，收集树枝就转变成了除草和割草。到了高中，我放暑假的时候就在马萨诸塞州北安多弗的泰斯塔建筑装修公司里当承包商的劳工，也就是所谓的杂工。我的工作就是要在酷暑之下把重得不得了的大堆碎片拖到垃圾桶里去。许多人都会在夏季修整屋顶。我要带着30多公斤重的一袋袋瓦片爬上梯子，肩膀上的皮肤都因为这份重量而剥落了下来。这份工作很苦、很累。我还能记得在那几个夏天里赚到的每一个铜板。等到上大学了以后，我父母已经搬到了科罗拉多州，而我在暑假里就在牧场里帮忙。波士顿郊区的屋顶瓦片和厨房碎片被替换成了散落在约10平方千米的山间牧场的烈马和奶牛的粪便。广袤的苍穹和纯粹的美景弥补了体力劳动的无趣。我会沿着鲑鱼溪一路前行，给溪流中的鱼儿们喂食，好让远道而来钓鱼的人们能真的抓到活的鲑鱼。我会赶着牛马四处走，坐在拖拉机上到各个草场里割草。接着，我每天都会把剩下的半天时间用来给这片土地上横竖交叉着的长达20千米的梁柱式木篱笆刷上油漆。在这寥寥几个夏天里，我光是给这篱笆刷油漆就用掉了1,000多个小时。

　　现在看来，我在年轻时候干过这些工作是一件幸事。虽然很辛苦，而且我并不喜欢，但我不至于要四处搜寻食物或者必须赚足够多的钱来养活一大家子。我是个幸运的学生，能够得到需要的一切东西，而且赚到的钱都能归自己所有。当我们在我居住的纽约市的房子里对坐谈心时，父亲帮助我转变了"工作"的意义。我突然意识到，在过去，我一直都是为了工作而努力。我挣钱是为了能在大学里有零花钱，或者能在毕业之后搬到纽约生活。如今，我在为职业而努力，也就是说，这再也不仅仅是为了一张支票而已。这份努力是为了某种宏大得多的东西。我们的职业是我们生活中的一个相当庞大的部分。既然大部分人都必须为了生计而工作，那么这份工作就应该丰富我们的生活，并激励我们在赚钱的同时，做一些更大、更好的事情。

我的父亲认为，我抱怨自己没有读商学是毫无道理的。我在做销售行业。说到底，这意味着我在从事"他人中介"的业务，而不管上过什么学校或者从哪里来，一样能够掌握这一行的技巧。我不必创造自己的产品，只需要把产品卖掉就行了。我明白，我并不是房地产的经纪人，而是他人的需求和渴望的经纪人。一直以来我思考"工作"的方式都是错的。我一直在抱怨那些痛苦，即工作时间、挫败感和不确定性，因为我的注意力都在这些工作上，我的眼界还不够宽广。当然了，我当时的销售量正在提高，因为我想要成功，想要赚更多的钱，但是，在我弄清楚自己努力的目标之前，我肯定还是会感到压力山大、不堪重负。我开始认真地思考，我为什么想要做这些事情？是什么推动着我？我的人生终极目标是什么？这些都是大问题，花点时间深入挖掘并剖析答案可能是你送给自己和职业生涯最好的礼物。我知道我的工作真正要求我做些什么，答案就是我身体里的"发现者""保持者"和"行动者"三个角色每天要做的所有事情。我知道我为什么要做。我知道我要依靠在哪面墙上才能做到这一切。最后,我也知道我的胜利是什么!我清清楚楚地知道,到了人生的尽头,这一切的结果会是什么。这四大原则为我开启了一条全新的、意想不到的成功之路。想到这里,那年秋天我父母来看我的时候,我觉得我们应该好好聚聚,一起到外面玩一段时间,毕竟我已经在一片漆黑之中独自熬过了好几天,而且手机也不能用,无法与别人联系。

4W原则

接下来我就要送你一份大礼,告诉你要想提高销售成绩而必须做的最重要的一件事。这本书里其他的内容你都可以不管,但在做任何事情的时候,请你定义好四大原则。[①]你不仅会卖得更多,获得更大的成功,而且当你这么做了以后,你就能收获更加充实的人生。你有没有在早上醒来时觉得紧张、失落?你有没有在下班回家时觉得筋疲力尽,但却无法准确地说出为什么会这么疲劳?在定义好自己的四大原则以后,你就能醒得更轻松,走得更轻快。你将在一天、一周、一个月,以及

[①] 我是"四大原则"的忠实传道者。如果你想要从今天开始改变职业生涯、卖得更多,那么现在就行动起来吧。

整个一年里拥有更加明确的目标。你将再也不会怀疑为什么要做手上的工作，又是为什么每天都为了它如此努力。要是我能早点意识到这些就好了！接下去，我将回顾自己得出四大原则的过程，并指引你走完相同的路。

原则一：为什么（why）

你为什么要做这些事情？

明白为什么我为了卖房地产而每天早上起来就开始这么努力地工作、安排这么多的约会，而且大多数日子里都坐在车里吃午饭，这对于我的成功而言是至关重要的。我为什么要做这些事情？为什么做销售？我可以选择很多条职业道路。我可以去当个律师或者银行家，然而我选择了销售。我相信我之所以选择了销售的工作，是因为这一行天高任鸟飞，而且对于一个天生的竞争者而言，有什么比拥有无限机会的职场更好呢？我是自己命运的工程师。我想卖什么就可以卖什么，想卖多少就可以卖多少。科罗拉多州的篱笆早晚能漆到头，但在销售的职业生涯中，永远都不存在什么尽头。

你的"为什么"足够宏伟和强大到让你在生活不易的时候也能坚持下去吗？有的时候，那些本该非常简单的事情会变得极其复杂，令我感到沮丧。比如，有的客户无法理解他们的房子卖不出去的原因是他们开价太高了。但我的"为什么"，以及非常支持我的妻子，一直在推动我前进，为我添柴加薪，并且引领我回归正轨。它会催促我无论发生了什么（夭折的交易、不讲道理的客户、心力交瘁等）都要艰苦奋斗，不断前进。我知道困难的时光终将过去（但从来不会像期望的那么快），而我也会卖得更多，完成更多的交易，一切都会再次好起来。我的成就是没有极限的！要想找到自己的"为什么"，你就需要问问自己……

我为什么而呼吸？不不不，你可别笑。一开始要问自己一些简单的问题。呼吸是为了活着，食物和水也是一样。活着是一件好事啊！然后让你的答案再深入一些——事实上，人类需要金钱才能生存。你为什么要在销售行业工作？当工作朝你脸上扔烂番茄时，有什么能支持你继续下去？什么想法会推动你在职业道路上勇往直前、排除万难？

莱恩的"为什么"：我是一个天生的竞争者，而且销售没有极限，我永远都可以更上一层楼。这一想法推动我度过充满挑战的每一天。

你的"为什么"：写下让你勇往直前、排除万难的原因。

原则二：工作（work）

你每天要做些什么事情来拓展自己的业务？

我早就发现，卖房子可不是推开门，打开电灯，然后往卧室的方向一指就结束了。我想说的是，没错，严格意义上讲，有些"行动者"的工作是需要这样来卖房子，但这并不是让我的职业生涯获得成功的真正的"工作"。我父亲说我从事的是"他人的中介"行业，这千真万确。我的"工作"是将客户与他们想要的产品联系起来，而那就是他们梦想中的家，一个他们能住得舒心并制造回忆的地方。为此，我必须倾听和同情。为了不断完成更多的销售，我必须维持和培养人际关系。你的"工作"，从其核心而言，应该能将你的职业提升到更高的层次，而这些就是它们比体力劳动或者日常任务更为重大的原因。要想发现自己真正的工作，你就要问问自己……

我真正在销售的是什么？你并非只是在销售婚纱，而是在销售梦想和某个人的人生新篇章！那你要怎么做呢？如果你是个书商，那么你销售的不仅仅是图书。你在销售一条逃离之路，也就是一个撇开一切躲到另一个世界里去的机会。你要如何在那么多的选择之中把读者和图书完美连接起来呢？这样的"工作"如何呢？你要从哪里开始？不要让恐惧阻挡你的脚步。将成为史上最佳销售人员所需的条件分解开来。你从现在，从这一秒钟开始，能够做些什么来将职业生涯推上新的高度？

莱恩的"工作"：每天的目标都是努力扩张自己茁壮成长的销售业务。我必须持续不断地寻找新的项目、发现自我营销的新策略，让自己的网撒得再广一点。

你的"工作":你从现在开始能够做些什么让你变得更强大更好呢?

原则三:墙(wall)

你在逃离什么?

我从前的同事本·肯尼迪教给了我"墙"的道理。这对我来说是无价之宝。尽管我永远都无法确定是什么在推动本,他也许和我一样,是不得不回到某个小镇过一段渺小的人生,也可能是更可怕的事情。当因为信用卡透支,在杂货店连一杯酸奶都买不起,于是在地铁里掩面而泣时,我背靠着一堵"墙"。我再也不想落入那样的境地,而这份恐惧就驱使着我更加努力,离那堵"墙"远远的。我的第一堵"墙"是显而易见的,即没有足够的钱买吃的。这真是太糟糕了!让我感到自豪的是,在销售行业工作了这么多年以后,我的"墙"再也与经济压力无关了。

虽然花起钱来依然精打细算(而且还会一直这样下去),但现在我知道,不管我要买什么,我都能努力工作,确保自己买得起。如今,我的"墙"已经转变成了对我来说更为重要的某种东西。我现在的"墙"是发挥自己的所有潜力。我无法容忍自己的潜力没有得到应有的发挥。光是想想都真的会让我感到浑身不舒服!我想要每天起床以后都比昨天多做一点。而且,我要说清楚,这并不仅限于赚钱。

你一生中最不想重演的境况是哪一次？无论那是一个短暂（但把脸都丢光了）的时刻，就像我在杂货店里那时候一样，还是经历了更长的一段困难时期，比如说彻底破产，必须睡在朋友家的沙发上，或者每天都要担心能不能让全家人吃上一顿饱饭。你现在就要把它记在心上。这很关键。记住自己最黑暗的时刻肯定不会带来什么乐趣，但相信我，让自己回到那个时刻，回忆起所有的感受，这会成为销售人员的一项极其强大的工具。告诉我，那个时刻是什么样的？描述一下当时的场景——你看到了什么？你有什么感受？你是否害怕、羞愧、恐惧，或者感觉把脸都丢光了？我知道这段回忆令人不快，但如果可以的话，请你将所有的感觉收集起来，然后转变成让你自己朝着更好、更光明的未来前进的强烈渴望。每当你的脑海中轻轻地响起，"哇，这太难了——我这周的表现并不好"时，赶紧打住。虽然你不能陷在困境中无法自拔，但仅仅是提醒自己，在这个时候，你还不至于被逼到那堵墙上，这就足够激励你了。你已经让自己远离了那可怕的境地，而这将会带给你继续下去的能量。

莱恩的"墙"：几年前是我在纽约市的一家杂货店里把信用卡刷爆了。而现在，浪费潜力成了让我感到可怕的事情。

你的"墙"：有哪个时刻，或者哪一天，或者哪种精神状态是你想要永远避开的？我想听到的是非常沉重的答案。也许你上一份工作会让你每天夜里都忍不住泪流满面,这是你想要远离的情况吗?你是否曾经有一段糟糕的关系,而你现在成了孤家寡人,再也不想回头?不要怕,将所有灰暗的细节都说出来。然后写下你该如何做,让自己尽可能地远离那个时刻。

原则四:胜利(win)

你做这些事情的目标是什么?

我想要给世界留下非常巨大的影响。我要的不只是靠卖房子赚到高额的收入(虽然这些事情都能令我感到开心),而是在死了以后因为什么而被别人记住。就像我之前说明天出门被出租车撞,要是真发生这种事情,莱恩·塞尔汉的一生在百老汇和哈德逊街的路口草草收场的话,那么,我多半会作为那个在电视真人秀里面做纽约高端房地产销售的人被人记住。这还不错,毕竟是天大的幸运了!不过我希望能留下更伟大的遗产。我想要别人记住,我改变了人们对销售职业的看法。如果我能激励销售人员为他们的工作而感到自豪,能鼓励人们全面拥抱这个只要参与就能得到极大回报的工作,那就太好了。要是人们觉得销售是一个超级理想的职业,大家都打破头想进来的话,那该有多酷啊?如果我能为了实现这个梦想而贡献一份小小的力量,那就是一场大胜利。

在鼓励你思考自己的"胜利"之前,我想要先澄清,"胜利"并不是奖励。一辆汽车是奖励,买一件新衣服或者一件首饰是奖励，但它们并不是胜利。奖励是你为了奖赏或者激励自己而给自己买的东西，给自己奖励是天经地义的事情，但"胜利"的层次更高。"胜利"是你留下来的遗产。而且你的"胜利"并不一定要像"改变世界"那样宏大，但也需要是真实的，是能够改变你的，而且是你真正想要的。也许你是个努力奋斗的母亲，有两个孩子，立志要为他们提供良好的条件，甚至要全额资助他们读大学，走上人生正轨。这样一来，等到他们三十而立之后，就有能力照顾你了。这就是"胜利"。问问自己……

你希望别人在背后如何评论你？说实话：你希望别人会说什么？说你是个出色的销售机器？说你激励了团队和你自己，共同实现了伟业？说你想出了最有创意的推销游说，而且总能拿出新鲜的销售方法？说你锲而不舍地与客户建立联系？大胆去想！你想要留下什么样的遗产？你想在这个世界上留下什么样的印记？你正在阅读一本讲述如何做一个更优秀的销售人员，从而赚到更多的钱并过上更满意的生活的书。大胆去想。问问自己……什么是你的"胜利"？

莱恩的"胜利"：改变人们对销售的看法，让世界上的每一个人都想要从事这样一份提供了无限可能的工作。

你的"胜利"：你想让人们在你背后如何评论你？你想要

在世界上留下什么样的重要印记？不要谦虚！

在我父亲打了我一个措手不及之后，我的态度就发生了转变。这件事不只是让我更加努力而已，而是让我想要创造出令我自豪的职业生涯。我的思维方式从"要想把东西卖出去，我就要：早起工作，加班加点"转变成了"要想建立令人惊异的职业生涯，我要做这些事情"。我的职业生涯并不是只有赚钱而已，尽管这当然也是其中的一部分。我开始敦促自己思考怎么做才能成为我可能成为的最优秀的销售人员。这四大原则就是带领我进入新高度的基石。

积极态度：让一切持续运作的润滑油

虽然我摸清自己的四大原则已经有一段时间了，但在我的职业生涯中，还是有一些时候我会感到束手无策，而只有保持积极的态度，加上妻子的支持，才能让我不至于崩溃。

五年前，我游说柱廊集团，试图想要成为他们一栋楼的销售。我不停地发电子邮件，祈祷能得到回信说这份工作可以给我了。当发现他们要与其他人合作时，我感觉天都要塌了。四年后，他们给我打电话了。"那间顶层公寓还没卖掉，我们开价是700万美元，能请你试试把它卖掉吗？""好的，我来！"我马上就投入到这份"工作"中去了。我整理了这间房子（真的太赞了），然后做足了市场营销。这间屋子兜了一圈又回到了我这里，这实在是令我欣喜若狂，更何况我能把它卖出去。第一个月过去了，没有一个买家出价。好吧。第二个、第三个、第四个月呢？出价数为零。这下我开始紧张了。我的独占合同马上就要到期了，而且我还接到了一个可怕的电话：他们准备找别人了。大多数经纪人都会想："好吧，这房子卖不掉——那我就让它去吧。"大多数经纪人都会找个借口：是市场不景气，是外面太热了，是运势不佳造成的！但我不会这样。在内心深处，我相信我能把这套房子卖出去。我相信自己的能力。我给每一个人都打了电话。我一整天都在发电子邮件和打电话，尝试找到一个买家。我从未停止相信自己能实现这个目标。结果成功了，我找到了一个买家！经过两周的协商，双方签订了合同。成交！我跑到那间屋子里，从桌子上跳起来（我首先检查了鞋子是干净的），拍了张照片发了推文，好让全世界都知道这笔交易。虽然跟得持久、坚持不懈和努力工作的确很重要，但有时候的交易挑战性太大，只有依靠积极的态度才能让你渡过难关。当局势看起来好像我要（再次）失去一套待售房屋时，我不会把能量浪费在恐惧或怀疑上面。我会将一切都切换到最大功率，在签下合同之前都保持积极的态度。

拿出积极的态度，忽略一切让这件事看起来不可能成功的原因，只专注于你现在能做些什么，让这笔交易成立。当你感觉走投无路时，积极的态度可以带来最关键的那一点点动力，让你再努力一点，再打一通电话，再多联系一个人，或者只是多尝试一种办法，到最后就会柳暗花明又一村，不知不觉地你就已经完成交易了。

我其实对爵士乐一窍不通。不过我倒是知道一个名叫罗伊·哈格罗夫的著名小号手，他年纪轻轻就成了行业翘楚。他有句非常睿智的话，让我永远铭记。他说："如果你想成为音乐家，那就必须有开放的态度。不要遗漏任何东西。如果你照顾好音乐，那么它也会照顾好你的。"我之所以喜欢这句话，是因为哈格罗夫对他的音乐的美好描述就跟我对于自己身为销售人员的工作感受是完全一样的。如果我照顾好我的工作，那么工作也会照顾好我。好好想想，生活会起起落落。你会拥有美好的时光，也会碰到永远都不想回忆起来的事情。你会有好的关系，也会有坏的关系，这都是不可避免的。但如果你保持积极的态度，怀着感恩的心，并且照顾好你的"工作"，那么工作也会照顾好你。可是首先，你必须真正地理解你的工作意味着什么。对于哈格罗夫而言，他的"工作"就是每次通过一首歌来改变音乐的面貌，而这一点让他熬过了艰难的时期。在进入下一章之前，请你谱写出自己的四大原则，然后让你的工作能照顾好你。

塞尔汉的方法

如果这本书带给了你任何的启发，那么请务必花点时间想想自己的四大原则，并在章节空白处写下你的想法。我的四大原则一直在为我提供力量，而且当我说这样能够改变你的一生时，我可不是在开玩笑。在真正理解为工作而努力和为职业而努力的区别之后，我完成了一次蜕变。知道自己的"为什么"和"胜利"，则提醒我这一切的奋斗和努力有什么意义！而记住自己的"墙"不仅让我对今时今日的生活怀着感恩的心，而且我早上起床开始工作的干劲也更足了。我当时连酸奶都买不起！我也很重视温习这些原则，因为提醒自己做这一切事情的原因可以让我有的放矢，并更努力地工作和获得更多的成就。而且别忘了，你的答案可能会随着时间发生改变，这是很正常的！让温习和完善原则成为你销售实践中的常规吧。

原则一："为什么"。你为什么要做这些事情？

原则二："工作"。你每天要做些什么事情来拓展自己的业务？

原则三："墙"。你在逃离什么？

原则四："胜利"。你做这些事情的目标是什么？

积极态度：不要低估积极态度的力量。这是让一切顺利运转起来的润滑油。

第八章 你想成为什么样的人

这是一个关于两栋褐石建筑的故事。

我手上曾经有两套位于同一个街区的褐石建筑,每一栋的开价都是1 000万美元。虽然这两颗球非常相似,但却存在一些有趣的差别。

第一套房子位于第87西街,是顶级的褐石建筑。有一家很棒的开发商对它进行过细致的翻新。目之所及,皆是原本的壁炉、洛可可式的天花板,以及红木家具。房子里还有漂亮的现代厨房、8个完美的卫生间、带户外供暖的超大屋顶平台,以及方便你上上下下的电梯,让你能对这幢漂亮房子的每一层都赞叹不已。

我不会说第二套房子是最糟糕的褐石建筑,因为它拥有人们期望上西区的褐石建筑应该拥有的一切令人着迷的古朴细节,比如,折叠门和高高的天花板、原本的顶冠饰条,以及可以穿着拖鞋喝茶抽烟的客厅。但是与隔壁那栋看房者频繁光顾的房子不同,这栋房子并没有被整理过,说白了,里面根本就没有家具。房子里没有电梯,也没有屋顶平台。出售一套看起来凄凉得如同废屋一样的空房通常都希望渺茫。然而,这栋房子并非如此,因为这可是爵士天后比莉·荷莉黛的房子。没有屋顶平台?谁会在乎呢?你可以告诉别人"黛小姐"曾经在你家里跟许多赫赫有名的爵士歌手开过鸡尾酒派对。我的意思是,不管那栋比较好的褐石建筑里原来的住户是谁,多半也只是个普普通通的、名不见经传的、五音不全的路人,就和我们这些凡夫俗子一样。买下比莉·荷莉黛房子的人买下的可不只是一套房子,而且还买下了独一无二的历史,而且这份历史是永恒的。下一任买家,乃至再下一任买家,都会说类似"你也觉得比莉·荷莉黛演绎的乔治·格什温的《夏日时光》是无与伦比的吧!没错吧!对了,我提到过这是比莉·荷莉黛的房子吗?"的话。这可是个很有趣的故事,而且是一个能把房子卖出去的故事,就算这房子空无一物也没关系。

我不会忘记我其实并不是在销售一件产品,而是在销售产品的故事。很显然,我销售的每一套房子并不曾全都住过一位传奇的爵士乐手。但是,房子是一个巨大的情感结合体,它并不是一宗普通的买卖。这是你在忙碌了一天之后,放松下来,补上一集《权力的游戏》(*Game of Thrones*)的地方,也是你未来的孩子在蹒跚学步时被家具磕磕绊绊的地方。不过,我们所购买的每一件东西都是与某种情感联系在一起的。我们选购的鞋子是我们彰显自我的一种方式,人们都希望买来的东西能让自己感觉良好。你想要跟朋友说，你买的车很合算，或者你刚买了与罗伊·麦克罗伊同款的高尔夫球杆，又或者你的婚纱与凯特王妃的出自同一个设计师之手！通过故事，你可以在产品和顾客之间建立关键的联系。说到底，这才是所有人最终想要的，一个好的睡前故事。编织这样一个故事有时并不只是说一句"你知道谁也喜欢这双袜子吗？乔治·克鲁尼！"那么简单。更多时候，你必须发挥创意、深入挖掘，尽可能多地了解产品，从而找到能萌生故事的种子，因为一个好的故事能带动顾客的情绪。而当你卖给顾客兴奋的情绪时，你就能卖给他们任何东西，哪怕是一栋空荡、凄凉的老房子也不在话下。

塞尔汉的秘密之十六

<u>深入挖掘事实。在销售任何产品时，要带着故事一起销售。你就能更多更快地成交。</u>

找到每一件产品的故事

约翰·德科的故事

我在25岁的时候，凭借约翰街99号成了纽约市最年轻的楼宇销售总监。我感到无比兴奋，也极度紧张。这栋楼有442套房子，将近5个亿的销售额，这给我带来了许多压力。而且我过去并没有这方面的经验。虽然这是个大好的机遇，但前提是我必须想办法把这些房子真正地卖出去。当时距离2008年的金融市场崩盘才过了没多久，而且房地产市场并不景气，不过这也是我能拿到这个项目的根本原因。开发商有一支现场销售团队，但他们什么也没卖出去，所以就需要找到渴望"创造市场"的人。经纪人们都把这栋楼从名单里划掉了，因为根本就没人来看。我需要想办法让这栋楼焕然一新，以增加客流量。

我决定首先尽可能地了解这栋楼。在上网搜索的时候，网上出现了许多关于这442个单元被开发成商品房的新闻。这一点都没有趣！当市场情况好的时候，你只要有这些信息就够了。但是当市场情况不好的时候，你需要推销的就不只是产品了，也就是说，你需要推销故事。我想要找到能让人们兴致勃勃地过来看房子的那一点特别的信息，比如，乔治·华盛顿曾经在这里住过，或者贾斯汀·比伯也行。我发现约翰街99号是施里夫、兰姆和哈蒙设计的。他们是设计了被称为帝国大厦的一个小小的装饰艺术奇迹的建筑师。这些建筑师的名字在纽约市的装饰艺术运动中可是如雷贯耳。约翰街99号的装饰艺术根基是独一无二的，这就给了我做文章的空间。我打电话找到了大学里的朋友汤姆·布思，他是个天才画家。他设计了一个头戴酷炫的亨弗莱·鲍嘉风格帽子的男性剪影，我们给他起名叫约翰·德科。

约翰·德科成了我们市场营销计划的基础。我们决定给约翰·德科举办一个回家派对，并将其作为开幕活动。我们邀请了许多经纪人，并从蒂芙尼和爱马仕买来了精美礼品送给大家，以便让每一个人都知道这两家店都坐落于这片区域。之后，大家都在谈论这栋楼了。突然之间，经纪人们就开始将其称为"约翰·德科大楼"，而不是约翰街99号楼了。那已不再是一排被改造成商品房的单元。因为我们创造了一个故事，并展示给了潜在买家，所以现在每个人都知道了这栋楼背后的丰富的历史。我们第二天就收到了三个报价。

利用故事来打造创新的推销套路

第一步：明确定义你的挑战

我当时面临的问题是，人们已经不再关注这栋楼了。那时的市场环境不好，而这栋楼也并不突出。它无非就是另一栋被改造成商品房的大楼而已。我需要找到某种新鲜的方法让人们开始谈论它。

第二步：深入挖掘

不要止步于产品的基本事实。你的产品有什么历史，你又可以如何利用它来讲述一个有趣的故事，展开一场新鲜的推销游说呢？约翰街99号是由一家传奇的建筑公司建造的，该公司还建造了纽约市的一些最有价值的建筑瑰宝。这是属于约翰街99号的一段独特而有趣的历史。你是卖洗手液的吗？是谁发明了洗手液，原因又是什么？洗手液的技术经历过什么样的发展？"你知道美洲原住民过去是用熬过的动物脂肪当护手霜的吗？生活在那个时代是不是很棒？我们的买一送一的产品不含动物脂肪。不如买四瓶用吧。"

第三步：播下种子

你可以通过什么样的创意方式来运用这个故事，让人们对产品产生需求呢？我成功地利用这栋楼是装饰艺术建筑的优秀范例这一点，让它在与其他较为寻常的楼盘对比中脱颖而出。我们利用它的历史创造了约翰·德科的形象，而它又成了令人耳目一新的市场营销计划的基础。

产品知识等于力量

弗兰克请我帮他推销厨房橱柜，于是我们决定在《跟着塞尔汉学销售》中把他的故事记录下来。弗兰克特别上镜，给人感觉像在《布朗克斯的故事》里面见到过一样。虽然跟他聊天特别愉快，但出于某种原因，他没办法做成一笔生意。尽管他擅长与顾客建立联系，可是当他们开始提出问题时，他常常就躲到一边，请同事出面帮忙。首先，我希望弗兰克能跟我聊聊他的产品。当我问他这些橱柜的材质是什么时，他耸耸肩说："嗯，大概是木头吧！"很快我就发现，除了橱柜是放在厨房里用来储存一盒盒麦片的东西之外，弗兰克对他的产品一无所知。在弗兰克掌握更多的产品知识之前，他就不可能自信地回答任何问题。谁会找这样的人买厨房橱柜呢？人们想要把钱花在最有信心、最有知识的人身上，否则还不如待在家里网购得了。而眼下，弗兰克是赢不过互联网的。

塞尔汉的秘密之十七

如果你想要学会如何卖出一道菜，那你就得在厨房里学习学习。如果有机会的话，务必亲眼见识一下你的产品是如何被生产出来的！

我们自驾去了宾夕法尼亚州，弗兰克公司的橱柜使用的就是这里的木材。我们看着一棵棵大树被砍倒，切成木板。接着，这些木头会经过特殊的干燥工艺处理，耗时长达两年。这些橱柜都是手工精心制作的，也就是说，这些都是真正的高档橱柜。这下，弗兰克回答产品问题的时候就能多说几个字了（而不只是"木头"而已）。而且他最近学到的关于橱柜制作的五花八门的知识为讲故事提供了很好的引子。他可以跟顾客聊他们产品的品质，聊这些橱柜都是用手工切割和加工的木材定制的，而且他们公司从20世纪50年代开始就按照这种方法生产橱柜了。这些橱柜都是顶级的，它们就是为了将你们家的可可泡芙保存好几个世纪而存在的！弗兰克新发现的产品知识让他有能力创造出有吸引力的推销套路：这些橱柜是用实心硬木手工制作的（和大部分用不怎么耐用的松木制作的橱柜不同），制作过程中采用了传统的古典技艺。这些橱柜是你在自己家里最好的投资之一，因为它们将使你的家庭终身受用。我们已经为纽约市的美丽厨房服务了50多年。

利用产品来设计有创意的推销套路

第一步：明确定义你的挑战

弗兰克的挑战是，如今能买到厨房橱柜的地方数不胜数，有大卖场，有互联网，而且令事情变得更加复杂的是，他的橱柜（虽然物有所值）要比市场上的其他一些橱柜贵不少。他该如何向顾客明确地展示这款产品的真正价值呢？

第二步：深入挖掘

通过那次自驾游，弗兰克了解了他的产品的要价为什么会比竞争对手的高，因为他的产品是手工制作的，产自美国，而且耗费了几代人的心血。他卖的不是廉价的垃圾，而是橱柜中的劳斯莱斯。现在，弗兰克已经目睹了制作这些产品所倾注的心血和技术，他就可以在与顾客交流时运用这些知识了。他现在明白，这些并不是普通的厨房橱柜。

第三步：播下种子

接着，弗兰克可以围绕着自己目睹的产品制造过程（经由技艺精湛的人类之手！）组织故事和推销套路，而且他知道，这是一个更高级的选择，这些橱柜将陪伴顾客一生。他可以利用这些信息创造出能与一家之主的情感发生化学反应的故事，即这些橱柜是采用50多年来流传下来的古法精心制成的。

运用创意来设计故事或推销套路其实是个很有趣的过程，而且我已经运用过无数次了。享受创意吧，因为它会帮助你吸引闪闪发光的新球、帮你获得名气，并最终达成交易。我又一次雇了一位画家，找了几名模特做了彩绘，然后把照片印在近10米的横幅上，挂在待售大楼上面，以此制造口碑。结果很成功。这栋楼成了人们的话题，很快就卖出去了。这可不是司空见惯的新商品房楼盘。有一次我要推销一套看房数为零的房子，它真的是面朝着一堵墙。对于不关心采光的人而言，这是很理想的房子。我组织了一场暗夜微光派对，想让那些只有深夜里才会回到家的人们知道这套房子是多么完美。结果很成功。这套房子卖出去了。另外，有一栋连体别墅的装修完全是过去的20世纪80年代风格，但我坦然接受，并在里面举办了一场80年代的风情派对，还搞来了一辆德罗宁。仅仅过了一天，这套房子就以750万美元的价格出售了。你可以尽情发挥创意，将产品有趣或者独特的地方凸显出来，让人们产生购买欲。

每个销售人员都需要登山钩

安东尼·霍普金斯是个颇负盛名的演员，饰演过尼克松总统和C.S.路易斯，这些都是些非常严肃的角色。不过，当你在荧幕上看到大英帝国最高统帅安东尼·霍普金斯爵士时，脑子里想到的第一件事可能就是，"哇，站在他旁边的那个朋友可得小心了，因为霍普金斯可能会把他的脸给啃掉"。在看到安东尼·霍普金斯时，我们不会说："他是在著名的莫谦特－艾佛利电影公司里演管家的那个人。"而是说："那是会把人的肝脏和蚕豆一起炒，伴着一杯基安蒂美酒吃下肚子的连环杀手。"霍普金斯最让人印象深刻的是饰演了汉尼拔·莱克特这个角色。

我是从在星巴克里询问怀孕妇女是否准备换大房子的人开始做起的。尽管纽约并不缺乏怀孕妇女，但我知道如果想要取得成功，我就绝不能止步于做一个给准备升级的家庭寻找新房子的人。出租两居室房屋所带来的成功并不能使我满足，我想要每天都卖出数百万美元豪宅所带来的成功。

在销售行业，你所得到的业务和你成名的业务之间有着直接的联系。所以你该如何从现在的这个人（一个销售小单子的人）转变成你想要成为的那种人，也就是能一直做成大单子的人呢？我决定要成为销售价值千万美元豪宅的经销商，而这一过程是需要时间的，而且需要很长的时间。但是我遵循了几个核心思想，终于成了那个销售数千万美元房屋的人。

第八章 你想成为什么样的人

建立大本营：制作登山钩，准备攀爬

作为销售人员，你的第一个登山钩就是你身上特别的地方。那东西会让别人想要从你这里，而非其他人那里购买。当我和弗兰克从宾夕法尼亚州自驾返回后，我们研究的是有什么东西能让他成为人们购买橱柜的最佳人选。弗兰克最后认识到，他的登山钩就在于，他是那种"一条龙服务"的厨房销售。他发誓会与顾客合作到他们梦想中的厨房完工为止。他会引导他们完成整个过程，即从挑选橱柜、测量和安装，一直到那些橱柜里面都摆满咖啡杯。他不会卖给你几个橱柜之后就抛下你，让你自己想办法解决之后的事情。也就是说，弗兰克的特色就是他会一直帮忙。

你现在是个什么样的销售人员也许和你明天，或者明年的状态完全不同。没错，现在看来弗兰克是个"一条龙服务"的橱柜销售员，这样很好。但如果弗兰克在小区的烧烤聚会上被引荐给了名下拥有50栋公寓大楼的乔，那么他就会成为安排在大型公寓楼里装配高品质厨房橱柜的人。他的销售量就会立刻提高。成为最优秀的销售人员意味着在拥有登山钩的同时也能灵活应变，并愿意尝试不同类型的球。就算给我100万年的时间，我也想象不到自己会成为打破布鲁克林区房地产销售纪录的人。在布鲁克林区销售房地产已经成了我业务中很大的一个部分，而我当时要是不愿意从那个在曼哈顿销售房子的人转变成在布鲁克林区销售房子的人,我就会浪费属于我和我的团队的这个最大的机会。虽然你最初的登山钩就是你的起点,但也不要害怕去改变它。

站在山顶呐喊：成功是成功之母

当我从出租两居室的人转变成怀孕妇女之友时,我会将自己完成的每一个大单子都宣告给全世界。当然了,在很长一段时间里,我成交的单子大都是来自出租,只是偶尔会有些零星的出售。但我并没有等到现在这个时间才敢高喊成为"百万美元经纪人"。那样做的话根本就没有意义。如果你完成了一笔大单子,那么你就距离自己想要成为的销售人员更近了一步。让大家都知道吧。寄些明信片、在社交媒体上发帖,只要有机会就提起这些事情。除了你(也许还有你妈妈)以外,没有人会为了你的成就而欢呼雀跃。

在决定成为房地产经纪人时,我就知道自己想要成为把数百万美元的豪宅卖出去的人。但我可不会某天睁开眼就说:"好了,我已经受够了一个月2 000美元的租金了。我知道!我今天就去公园大道上跟踪别人,直到有人愿意让我来推销他们200万美元的房子为止。"尽管这么做说不定还不错,但很可能最后的结果是一张限制令。在每个月2 000美元的租房业务上,我已经陷入瓶颈了。于是我不再寻找更多的此类业务,而是主动地搜索能租得起每个月3 000美元的房子的人——而后再涨到4 000美元。我并没有迈出职业生涯的一大步，因为那是毫无疑义的努力。我就像个孩子一样步步为营。与购买3 000美元热水浴缸的顾客交谈和与购买4 000美元浴缸的顾客交谈是非常相似的。同样程度的劳动、知识、时间和精力，但你正在慢慢地赚到更多的钱。接着，4 000美元就会变成5 000美元，终于有一天，你起床之后要去实现的是一个价值15 000美元的麦克老爹①热水浴缸的梦想了。在销售这一行，成功是成功之母。当我把房子租给预算更加充足的人以后，他们就会把朋友推荐给我，而后者也拥有同样充足、甚至更加充足的预算。等到之后的某一天，其中一名顾客就会觉得，与其租房子，不如买下来，每个月的成本还能低一些。于是，就像这样，我现在只负责销售的业务了。即便是今时今日，我也一直在思索接下来还能去接什么样的球。有什么业务是我现在还未触及，但应该试试的呢？将你自己设想成一个超越自己想象的要做更大、更好的事情的人，然后努力去做到。

拥抱长久：享受居高临下

尽管我赞成发展，但我也承认，对于销售人员而言，能最终以某一件大事而出名是极好的。也就是说，你把这件事做到了极致。我们不想成为戏路很窄的演员。你能想象威尔·法

---

① 译注：该公司生产一系列预防儿童家庭意外伤害的产品。

瑞尔在《汉尼拔·莱克特4：最后一餐》(*Hannibal Lecter Part Four: The Final Meal*)中饰演汉尼拔吗？可能他会在某一幕里吃别人的阑尾，把我们逗得捧腹大笑。威尔·法瑞尔是当今世上最有趣的人之一，我们很难把他当作一个精神错乱的吃人者看待。但是，如果你达到了很高的程度，成了你所销售的产品的销售代表，而且你也对此感到高兴，那么这就是一件好事。你是卖钻石的，但从来不卖低于3克拉的小玩意儿？太棒了，你就是专门销售超大钻石的人。你是卖露天电影院的，但起价就是6位数，而且还与某个景观设计师合作，在汉普顿斯的地皮上开工建设？很好，你就是专门销售超酷露天电影院的人。一旦你对自己的销售内容和销售对象感到满意，那就拥抱并享受这一切，并准备好扬帆远航吧。

工作时间就要工作

有一点要说清楚。当你在工作时间里，你就要表现出工作的样子。店铺开门营业，你也要开门营业。有数以千计正在苦苦挣扎的销售人员联系我想要参加《跟着塞尔汉学销售》这档节目。最后有8个人入围了第一季。他们个个都在丢掉饭碗的边缘，而且每个人都需要克服不同的挑战。有些人，比如弗兰克，对产品一无所知，而还有些人则苦于和潜在顾客建立人际关系。但放眼望去，他们都有同样的一个令我感到抓狂的毛病。除非与顾客直接面对面，否则他们就不在状态。而当销售人员在工作时,他就得处于工作状态。你不能一边吃着百吉饼一边翻看着前任的朋友圈,你要保持状态,准备完成销售。

在每一集拍摄的头一天,我会造访那家店,观察一下即将与我合作的那个销售人员。我会确保他们不知道我在观察他们。每次我都能看到同样的景象。那个销售人员坐在那里等着,收着肩膀,脸上看不到笑容。更糟糕的是,在与我合作的人中,有一半都躲在角落里玩手机。他们没有在和客户互动,就连说些"你好,今天天气不错啊。"或者"嘿,我们刚进了这种不可思议的新款薰衣草去角质霜!你一定要闻闻看!"这么简单的话都没有。你不可能守株待兔地等着出现完美的机会,让你与顾客建立起联系或者开始一场销售。这样是无法在销售的职业道路上走下去的。

还记得需要拨号的互联网吗?耳边是否响起了美国在线的"新邮件"提示音?如今的互联网无所不在,已经改变了世界!信息、新款的毛衣,还有你最喜欢的歌曲都永远触手可及。而销售人员就应该做到这样!

如果你内心中的销售人员永远都在状态,那么你就能改变世界。你永远都做好了准备,随时可以出发,也就是说,你不会等待顾客出现在你面前,然后才拨动开关,进入做生意的模式。成功的销售人员是永远在线的。

我并不是说你应该每天在大街上站12个小时,用怪异的笑容要求别人购买你的甜甜圈。我说的是,仅仅因为顾客并不在你的面前,并不意味着你就有无所事事的权利。你从这本书中学到的最重要的东西,就是当顾客不在的时候,你能做太多太多的事情来提高你的销售额!实际上,当你独自一人时,才是当一个销售人员的最佳时机!我们可以花30分钟寻找新的客户,再花30分钟按照跟得持久、跟得彻底、跟得积极的原则发电子邮件和短信,然后,跟经理讨论一下如果顾客今天就下单的话,能不能提供今日特惠的折扣。除非你是在寻找客户,否则就不应该花1个小时浏览脸书。

塞尔汉的秘密之十八

<u>眼前没有顾客?这是完成工作的绝佳机会。</u>

放飞内心的怪癖(并乐在其中)

当客户推开门的时候,你永远不知道会发生什么。作为经纪人,我走进过各种各样的房间,见识过许多洋娃娃头和用垃圾制作的雕塑。有一次我在跟一名华尔街的操盘手讨论他对新房子的想法时,一只袋鼠从他的卧室里蹦了出来,在屋子里跳来跳去。经纪人见过的怪事非常多。不过当一个名叫帕蒂的瘦瘦小小的中国奶奶打开位于空闲卧室里的大衣柜时,我还是被吓到了。里面从下到上塞满了你能想象到的任何颜色的丝带、蝴蝶结和花边。这位瘦小的妇人(顺便一提,她的交涉能力堪比资深的华尔街之狼)热爱制作蝴蝶结发饰。我在关上门的时候在祈祷潜在买家不会被帕蒂这令人头晕目眩的丝带藏宝窟给吓跑。我的运气不错,在不到一天的时间里,我就以开价的百分之一百把帕蒂的房子卖掉了。不过有一个条件,买家想让帕蒂(和她的丝带)在30天内搬出去。这就意味着如果我不想失去这笔交易,那就不得不立刻帮帕蒂找到一间房子。可是帕蒂对我带她看的所有房子都不满意。有一套太狭窄了,有一套距离隔壁楼太近,还有一套她甚至讨厌到还没进去就扭头走了。我开始担心会失去帕蒂房子的这名买家,而这两笔销售也将化为乌有。我不得不尽己所能地促使帕蒂走出失望阶段,而且越快越好。

我在炮台公园城找到了一套看上去十分完美的房子。但是由于时间紧迫,我没有碰运气的余地了。我必须让帕蒂爱上这套房子,而她的兴趣爱好让我产生了一个想法。我想让帕蒂看到,她可以将一整个房间专门用在制作蝴蝶结的爱好上,从而认识到这套房子的价值。我买了很多丝带。我早早地就来到屋子里,找了间卧室,摆好一张桌子。我在上面摆满了装着各种尺寸和颜色的丝带的篮子。帕蒂可以给全美国每一个喜欢公主的孩子制作蝴蝶结,剩下的材料还能给小马驹和俄罗斯体操运动员们做礼物。

当帕蒂走进这套房子时,她并没有提到对任何一样东西不满意,这让我感觉很有希望。她觉得客厅的大小正好,而且隔壁那栋楼也比较远,不会有人能偷看到她。当我打开通往秘密丝带房间的门时,帕蒂的眼睛瞪得就像盘子一样圆,而我知道她要把这房子买下来了。当我给自己戴上一个蝴蝶结,告诉她这房子是一口价,绝不可能有任何商量余地时,她丝毫没有犹豫。帕蒂找到了她的蝴蝶结桃花源,而我则获得了双份的佣金。这真是充满蓝色蝴蝶结的一天。

蛋糕上的糖衣在哪里?

为帕蒂建造一个小型的丝带工厂是一种创意,而且确实奏效了。虽然当时我根本不可能想到,但奇怪的是,让我知道能用创意来增加销量的第一次灵感发生在与莎拉一起逛一家俱乐部的时候。看着莎拉对舞者的羡慕和赞赏,我发现了她有意思的一面,以及她所处的人生阶段。而注意到这些几乎就等于给了我一张地图,引导我为莎拉找到最完美的房子。虽然我没法帮帕蒂找到楼下就是丝带店的房子,但我可以运用这些细致的观察来帮助她认识到,这套房子在各个方面对她来说都是完美的。帕蒂并没有在完美之家的愿望清单里列出"丝带藏宝窟",但我能看出来她珍视自己做手工的时间,也就是说,这对于她来说意义重大。如果说这套大小合适、采光完美、社区一流的三居室房子是蛋糕,那么丝带就是上面的糖衣。是丝带让帕蒂无法拒绝这块蛋糕。做了莎拉和帕蒂的生意之后,我就一直会思考能做些什么有创意的事情,让人们坦然地完成想要做出的购买决策。

如果你的客户正卡在某一个比较棘手的销售阶段里,而你需要尽快让他们步入下一阶段,那么你就要深入挖掘。他有什么不同寻常的需求吗?例如,如果我的客户喜欢烹饪,这会儿

第八章 你想成为什么样的人

正在犹豫要不要买这套房子,那么我可能就会从附近的农贸市场里给他带些新鲜的农产品,让她知道选择这套房子还有这样的额外好处。时刻思考你能提供什么额外的激励,尽管有时候它们可能不值一提。你的珠宝店很可能不会给钻石打折,但或许可以提供终身的免费清洁。你可以向客户保证,你们的钻石将永远闪闪发亮!如果你是卖玩偶之家的,那就加入一个迷你厨房吧!有的时候,额外的激励并不一定要与物品或者服务本身相关,它可以是让客户对购买物品或服务产生新的想法的东西。

举个例子:那是纽约市的一个灰蒙蒙的周六下午,天气很冷,还下着雨。对于大部分人而言,像这样的日子最适合看网飞的电视剧了,但我却穿上外套,走访了切尔西区的一间待售房屋。市场上出现了一套新的房子,我的一些客户可能感兴趣,不过这并不是我选择到雨中冒险,而不在家里和伊米莉亚相互依偎的唯一原因。我知道,将我的创意和尝试新鲜事物的开放态度结合起来,是取得成功的关键部分。创意的伟大之处就在于它没有界限。你不可能穷尽自己的创意,也不可能想到所有的东西。永远都有新的角度、新的途径、新的方法。总有别的东西能带来新的刺激。而这就是为什么我不惜浑身湿透也要走进切尔西区的这套两居室的原因。我想要看看其他人是怎么推销的。我想知道其他经纪人是怎么做的。我走进宽敞的门厅,立刻就闻到了刚煮好的咖啡的香味……虽然在待售房屋里面有小吃并没什么稀奇的,但浓浓的咖啡和巧克力曲奇饼干,再加上舒缓的背景音乐，立刻就给人一种高喊着"你回家了"的感觉。突然之间，我都能想象自己回到这样一个家里的情形。我能想象自己把雨伞放在哪里，然后坐在哪里查看电子邮件，又在哪里和妻子共进晚餐。然而我其实并不需要买房！我已经有一套了！经纪人所营造的家的感觉让所有人都忘记了。虽然这套房子的客厅有很大的窗户，但外面除了无穷无尽的灰色之外什么都看不见。我在签到板上留下了自己的联系方式，大概一个小时之后，就收到了跟单电子邮件历史上最全面的跟单邮件。这个经纪人不只是通过短信或者电子邮件发一句简单的"你好，谢谢光临"。她已经仔细思考了我的客户可能对这栋楼、这套房，甚至这个小区产生的任何疑问。里面提供了所有的链接，实际上，她让我的工作变得轻松多了，我真的要谢谢她。我给她写了回信，告诉她虽然我没有客户要买这套房，但我的团队里有她的一个位置。

那天晚上回到家，我开始思考自己是如何在职业生涯中运用创意的。我一直会用创意来展示产品和设计推销套路与市场营销计划。但是，我该如何更进一步地运用创意成为更优秀的销售人员呢？我能做什么新奇和不寻常的事情？我该如何运用创意来扩张我的受众和网络？虽然我能站在两台电视摄像机前面已经很幸运了，但也许是时候做些别的尝试了。我看了看自己的脸书页面，在滚动翻阅的时候，我在一条条状态更新和链接之中看到了一段少见的视频。我拿出笔记本电脑，打开这周的待办事项列表。我在列表中加上了"开始视频博客"，接着我又加了一行:"写一本销售类图书。"

塞尔汉的方法

不要害怕在推销游说中加入创意和趣味。运用创意和故事来推销产品是一种在竞争中占得独特的有利地位的绝佳工具。

设计创意推销套路:三个简单的步骤

1.定义挑战。

2.深入挖掘:你的产品有什么历史?或者,你的产品是如何生产的?

3.播下种子:将宝贵的信息发展成一个推销套路。

成为关键人物:每个销售人员都需要登山钩

1.建立大本营:制作登山钩,准备攀爬。

2.灵活应变。

3.站在山顶呐喊。

4.爬得更高:不要拘泥于已经拥有的事业。

5.拥抱长久:享受居高临下。

运用创意的一面来达成交易

1.仔细倾听和观察。

2.蛋糕上的糖衣在哪里?

第九章　败得聪明助你更快成长

2016年7月7日，希腊科孚岛。

我穿上了燕尾服，感觉挺帅的。亮蓝色真是选对了！我快速检查了一下，牙齿里没有卡上什么东西，眉毛上的汗已经擦干净了。7月份的希腊就是热。一切都井然有序，再过几分钟我就会登上一艘私人游艇，它将载我到一座小岛上的古老教堂去，我将在所有的亲朋好友面前娶伊米莉亚为妻。策划一场在希腊小岛上举办的有150人参加的婚礼肯定会有挑战，所以当我的手机开始不停地响起来时，我做好了迎接与婚礼有关的任何灾难的心理准备。什么事情都可能发生：牧师被绑架了、教堂爆炸了、极端的高温让客人爆发了争吵，和即将面对的问题比起来，我宁愿上述的某种情况发生呢（至少我们有一个很棒的故事可以讲）。

让我们将故事往回倒，先说说我与吉玛·马克尔森的历史。
2016年6月15日，纽约市。

我与吉玛的合作已经走到第四个年头了。我一直坚持运用跟单的三大方法，这一点我敢保证。我每次带她看房，她都会一见钟情，然后在即将买下来的时候，她就会改变想法，决定继续住在租的房子里。她是个非常忠实的客户，所以我从来没有想过要放弃她，但她也非常挑剔，而且经常改变主意。这个月她只想看有落地窗，而且能看到哈德逊河的房子。下个月她对落地窗的要求没变，但把哈德逊河换成了帝国大厦。接着她又对开放式厨房产生了迷恋，后来又对熨斗大厦动了心。在很短的一段时间里，她还说"只看一楼的房子，因为我的乐队排练起来会更方便"。与吉玛的纠结就这样来来回回地持续了很长时间。

后来，就在距离我前往希腊与一生挚爱结为连理的一个月前，我拿到了位于第12街上的一套很不错的待售房屋。我知道这套房子有一个完美的买家——吉玛。

我一得知自己拿到这套房子就打电话给她了。她听到有外露的砖墙、高高的天花板、宽敞的主卧外加配套卫生间，以及开放式的布局后十分兴奋。虽然从这套房子看不到河也看不到地标建筑，但价格很合适，而且有个巨大的家庭办公室，她可以将其改造成放映厅（或者录音棚）。当她走进房间时，我注意到了她脸上露出的微笑，这可是之前从未有过的。太完美了，吉玛找到了她的房子。我原计划将这套房子以500万美元挂牌，不过当时还没有在市场上公开，所以我必须在吉玛和卖家之间直接交易。就在这时，吉玛的母亲出现了："吉玛找到好房子了？太棒了！我们出价400万美元，现金！随时可以成交。太好了！"事实并没有这么好。在交易的这一阶段（房子还没有在市场上公开），每个卖家都会说完全相同的一句话："他们出价多少？这房子都还没在市场上公开——而且真的，这出价太低了，看不起人吗？你还啥都没做呢。我们先把房子推向市场，等着无数比开价更高的人来吧！帮我找个俄罗斯百万富翁过来！"而买家对此的反应则一定是："我凭什么要提高出价？它都还没在市场上公开呢。我干吗要和我自己谈判？告诉他要么接受，要么走开！"而我夹在当中，就像在爸爸和妈妈之间的孩子，想办法找到最好的办法让他们能达成一致。

塞尔汉的秘密之十九

销售人员常常会面临仿佛不可能完成的任务，但解决方案是一定存在的。如果你能找到填补间隙的方法，那么每一次交易都将成交。

我的卖家和买家之间相差了100万美元，虽然这听起来是个大数字，但在我看来，这只是一个需要我来填补的小小间隙而已。我明白，这是每一场销售中都会发生的关键时刻。它正处于一个混乱到极点的中间阶段，即恐惧。这通常就是大部分交易决定成败的时刻。实际上，根据房子的情况和可比性最接近的成交案例，500万美元太高，而400万美元又太低了，可当你是那个过度敏感的买家或者卖家时，又怎么会关心这些事实呢？这就意味着我必须找到一个让双方都能同意的数字。我必须"填补间隙"，否则我们都可能跌入交易失败的深渊。

我开始着手让双方相信，他们应该试着看看能否找到共识。在开始任何协商时，我的头号规则就是要不停地还价。客户常常都觉得没有尝试的必要，他们会说："我们差得太多了，没可能的！"但我一次又一次地看到，哄着双方讨价还价可以促成互利的交易，让双方都觉得做了一笔好买卖（而经纪人也很高兴，因为他让这笔销售成功了）。但是，填补间隙并不是简单地抬高价格或者压低价格。你必须处理好恐惧。还记得我们讨论过的"墙"吗？"墙"是我们求取成功的动机。买家和卖家也有同样的动机。卖家最大的墙就是"卖不掉"的结局。而买家最大的墙就是"买不到"的结局。这看起来很简单，不是吗？我在每次协商时都会处理好这些恐惧。在第12街的卖家面前，我提醒他，不还价的风险就是在市场上公开之后可能就卖不出去了。难道你宁可冒着没机会卖出去的风险，也不愿和这个兴致勃勃的买家谈谈吗？

卖家听从了我的观点，同意将价格降低25万美元，希望能"快速成交"。搞定！我提醒买家，这是市场之外的交易。虽然她才刚开始，但她的女儿已经找了4年的房子了！她难道不想看到女儿有个安定的居所吗？她也同意提高25万美元，来个"快速成交"。就像这样，100万的差距已经缩短一半了。我知道这些都是大数字，但你应该明白的是，我正在将间隙按比例地缩小。不管你在尝试弥补100万美元还是10美元的间隙，你都要将其分解开来。相对而言，我其实就是让双方都还25万美元的价而已。这听起来就没有填补100万美元的间隙那么可怕了，是不是？

我们有进展了！只不过还没有抵达终点，因为没有人愿意再做出哪怕一寸的让步，也没有人准备要接受这场交易。卖家在想，我这房子都还没在市场上公开就已经降低了25万美元。而买家在想，是的你猜到了，他这房子都还没在市场上公开就已经提高了25万美元。我知道这听起来好像是很离谱的一大笔钱，但当价位本就这么高时，再多那么10万美元左右也就只是像在漏水的桶上多了一条小缝而已。这就是将所有东西都联系到一起的时机。我们已经走到这一步了，我相信我们能抵达终点的。这时，我就会让买卖双方分摊差价。"一人一半"可能是谈判历史上听起来最好的成交方式了。双方都很满意，也都觉得对方分摊了完全相等的一部分。他们都同意提高和降低价格，而成交价来到了450万美元。成交！卖家可以搬到在康涅狄格州的新家里去，而吉玛也有了自己的放映厅/乐队房/仓鼠室①。而且最棒的是，我和伊米莉亚可以前往希腊完婚，不用再担心这档子事儿了。

---

① 在我们4年的销售史诗中，她先后领养了5只仓鼠。

如何有效谈判？控住你手里的球

如果你觉得离双方达成一致还差了十万八千里，请不要害怕。有许多方法可以填补空隙，并找到让双方都可以接受的条件。

- 一定要讨价还价。如果不讨价还价，你就寸步难行。
- 提醒客户时间也是成本。时间就是金钱。
- 你不可能预测市场。你不可能假设肯定会有更好的出价。
- 有可能让双方分摊差价吗？
- 你作为销售人员能否提供额外的奖励？你能降低自己的佣金吗？自掏腰包垫付与交易相关的一笔费用？请记住，10美元总比0美元好！

应对恐惧

- 说说"墙"，即"买不到"和"卖不掉"。
- 提醒买家注意风险。"买不到"可能意味着错失良机，再也买不到他们喜爱的东西、得到好价钱，或者购买他们寻找了很久的目标。
- 如果你面对的是卖家，那么就提醒他们，进入市场总是伴随着风险。
- 在双方面前都要强调，这场交易现在就可以完成。

让对话继续下去

·要想把球重新抛起来，你就要让对话继续下去，即使客户拒绝对话也不能放弃。

·仔细倾听，并组织适当的回答，缓解客户的顾虑。

·让大家都得利：你还能在交易中加入什么来让每个人都觉得站在赢的一边？例如，我碰到过一对买卖双方，一直争执不下，但当卖家赠送起居室家具时，立刻就成交了。

卖家兴高采烈地踏上了前往康涅狄格州的新的冒险之路，而吉玛则开始研究合作公寓的准入材料。第12街上的那套房子原来是一套合作公寓，也就是说她必须首先得到由一群业主组成的业委会的许可，这笔交易才能正式成立，而她也才能成功入住。对于大部分在纽约市卖房子的人而言，合作公寓的准入材料都是超级可怕的死亡之旅。买家必须与楼里面的其他业主分享他完整的财政历史，即工资、纳税申报单等。如果你23岁的时候用信用卡买了维多利亚的秘密，结果逾期未还，他们都会知道。要是你足够幸运，通过了审核，那么每当你坐电梯的时候，都要与他们再度分享这份羞耻。有证据表明你小心眼或者不讲道理？你养了一条疯狗或者业余爱好是吹大号？他们不喜欢你这张脸？今天是星期四？你可能因为各种各样的原因被纽约市的合作业委会拒之门外。但合作业委会就是这么厉害，他们可以随心所欲地用任何理由把你拒掉。我坐上前往希腊的飞机时，得知吉玛正在仔细地准备她的准入材料。一切都井然有序。在与吉玛合作了4年之后，我终于要以快乐的销售人员的身份结婚了。

2016年7月1日，抵达希腊科孚岛。

现在，我们回到这场超大型的希腊婚礼。我们租下了科孚岛上最大的别墅，为期两周，并打算疯狂地享乐和庆祝我们的爱情。这里是希腊！我们举办了盛大的欢迎派对，所有的亲朋好友都来了。生活真是美好！但就在这时，第12街那套顶楼公寓的卖家发来消息说，出问题了。一般而言，在我出色的团队中会有一个人负责处理好准入材料和相关问题，但这名客户坚持要我亲自来处理一切事务。我答应过伊米莉亚，在婚礼时期不会工作（尽管从某种角度来说，我已经在工作了，因为我带来了一支摄影团队），但如果不回客户电话的话，我就不可能在职业道路上走这么远了。每天都有交易在奄奄一息，而我就是要拯救这些交易！我打电话给这个卖家，问发生了什么问题？由于吉玛的父母资助了这笔交易的资金，而且她年纪还小，实际上还没有工作，所以合作公寓也要求得到她父母的财政信息，但是她父母并不想提供。对于合作业委会而言，拒绝提供这些信息就好比举起了和市中心的摩天大楼一样高的红色旗帜。我在之后的几天里都偷偷地打电话，在买家和卖家之间周旋，尝试引导他们渡过难关。与此同时，还有层出不穷的婚礼事件！教堂的预约重复了！鲜花被卡在了荷兰海关！我想要保证我们能举办一场最棒的婚礼,但有关财政信息和合作业委会的永无宁日的烦扰一直在我的脑海中挥之不去。为了让自己感觉好一点,我提醒自己,只要渡过了这点小风波,就能迎来成交……以及我触手可及的27万美元佣金。

塞尔汉的秘密之二十

一场销售无法决定你的生死,其中一个原因就是你还有自己的生活。虽然我会竭尽一切所能让生意成交,但我在结婚时发现,我并不想要在孩子出生,或者临死之前还在为生意操心。

2016年7月7日,下午4:48,距离婚礼还有12分钟。

结果这通电话带来的并不是和婚礼有关的灾难,只是一场房地产的灾难罢了。"喂,是莱恩吗?我是吉玛。是这样的,业委会通过了,可是这栋楼要求的财政信息太多了,我们觉得不太合适,所以,我们不想买了。我们想退款,谢谢!对不起。"就在这一秒中,我的佣金蒸发了。在我举行婚礼的一个月前,我鼓励这名卖家选择这种"无缝"的非市场交易,而不是挂牌上市。等到夏天过去了再进入市场就全完了。这意味着我需要迅速采取损失控制措施。卖家需要尽快知道这个情况,因为他们已经准备搬走了,而这场糟糕的变故会让他们的计划破产。我打电话给卖家,通知了买家退出的消息。"再过几分钟我就要结婚了,不过我下周就会回到市里,我保证会给你找到新的买家。"这番话并不能起到多大的效果。电话里传来怒吼声,相当严重的怒吼,我试着解释是因为合作业委会把买家吓跑了,而且我已经尽了一切努力,但还是没能保住这单生意,我没办法掌控买家的感觉,但效果还是不行。

尽管交易的夭折令人沮丧,而且还是在我婚礼期间夭折的,但我也学到了极其重要的一课。在人生中最精彩的一个星期里,我反而感觉运气是最差的。我明明应该感觉如在云端才对!我觉得我的客户控制了我的情绪,原因是我对他们感到亏欠。当别人雇我帮他们卖房子或者在买房子时代表他们时,这对于我来说是一决生死的事情。我很重视这些人在我身上投入的信赖。我感觉自己辜负了他们。我担心没有人会想要再次跟我做生意了。我开始怀疑自己的能力。我相信,每个销售人员都会在某个时间段曾经走过这段非常黑暗的道路。而从这一刻开始,我下定决心,不能让夭折的交易将我击倒。我也提醒自己,第12街上的那套顶层公寓并不是我唯一的球。当我完婚归来之时,还有许多球在等着我。我在那一刻发誓,要从每一颗坠落地面的球中学到教训。与其败得伤痕累累,我更需要败得更加聪明。这将会帮助我成长为更优秀的销售人员。

如果你心想:"我的天呐,你在想啥?你马上就要在希腊的小岛上与一位美丽的女子结为夫妻了!"我想说,当我坐上私人游艇时,已经把一切麻烦都抛到脑后了。这是一场超赞的婚礼,而且我有一万个理由永远都不会忘记这一天。

生意夭折球落地的六大原因

每个人都会失手让球砸在地上,或者说让交易黄掉,这可不是什么令人高兴的事情。与吉玛的交易只是我在10年的职业生涯中遇上的数百次失败中的一次而已。而且这还不是数额最大的一次。我曾经失败的一笔交易让我损失了120万美元的佣金。我学到的教训是,虽然球落地可能是因为许多不同的原因,但如果你能了解最常见的交易杀手,那么就更有机会稳稳地把球接住。

不要会错意了:失去一次交易并不是什么好事,尤其是当你竭尽全力想要把它保住时。有的时候我觉得自己就像急诊医生,在为一个病人做心肺复苏术,因为我只想告诉他的家人,我真的已经做了所有的努力去挽救他。不过,交易失败确实也有光明的一面,因为失败乃是成功之母。我知道这听起来老生常谈,但我发誓这是真的。即使是在亏钱的时候,你也赚到了经验。还记得约翰街99号吗?那是我的第一栋大楼,它让我学到了很多东西。我被人从那个项目里开除了。当时的我以为那是我一生中最糟糕的一天。但是如果我当时没有被开除,那么我今天就不会站在这里了。我知道,当你在努力偿还房贷或者学生贷款时,发生这种事并不能减轻什么压力,但总有一天,你会在某次交易中发现,"等等——我记得这种事情!我知道到底该怎么做了!"任何没能成功的交易都是在帮你做好准备,应对尚未发生的未来的交易。就让我来与你分享我所学到的,使交易失败的六大原因，如此一来，你就不需要经历我的痛苦和折磨了！

原因一：沟通的失败

缺乏沟通是销售的头号死因。我会让卖家随时了解我为了把他们的房子卖掉正在做些什么，比如，开展开放日活动、打广告和市场营销等。当我尝试把东西卖给别人时，我会每周与对方联系一次，分享市场上刚刚售出的房屋信息，以及可能适合他们的选择。让顾客随时了解销售、促销和产品变化的第一手信息。通过定期的联络，客户就会知道你是关心他们的。如果你在一场交易中被踢出局了，那么多半的原因都在于沟通的中断。如果你一个星期都不跟爱人说话，那么无论你这份沉默的爱有多么深厚，都免不了家里爆发一场"战争"！何况，沟通是免费的。

原因二：你只是在回复，而不是回应

只要保持沟通，你就能感受到客户正处于销售的哪个阶段（激情、挫败、恐惧、失望、接受、幸福及安心）。倾听客户的声音，仔细、明确并迅速地找到所有问题，不过同时别忘了要用心。大部分销售人员都会拿千人一面的标准语句来回复客户，而最优秀的销售人员则会倾听客户的声音，用心地去回应他们。记住,现在这个时代,从网上可以买到几乎任何东西!但你作为销售人员的优势在于同情心,互联网是没有同情心的。互联网不可能请客户出去喝一杯咖啡,别忘了时不时地站在客户的角度换位思考。

原因三:你设定了不现实的期望

我曾经在一场汉普顿斯的房产交易中被踢出局了,因为我完全错估了自己亲自到现场开展活动的能力。那次的错误在于我设定了不现实的期望,而我后来再也没有重蹈覆辙。在定价时,我也非常注重设定现实的期望。虽然满口答应是很容易的事情,但将来可能会造成严重的问题。我现在已经能泰然自若地面对令人如坐针毡的对话了。如果我觉得房子的价值差不多是800万美元,那么就不会为了能拿到这笔单子而同意客户给出1 200万美元的报价。如果我这么做了,那么房子又卖不出去,客户还会冲我发火,而且我敢肯定,他不会记得这1 200万美元的价格是他提出来的。这种情况留给我的结果就是被踢出局,而卖家则会去找一个更现实(也许更诚实)的经纪人。让坦率和诚实地对待一切事物成为你的原则。这也包括你和客户在交易过程中可能遇到的挑战。

原因四：你不知道自己有什么不足

我初入房地产销售行业时，不管是信心还是经验都是零。虽然这千真万确，但我知道自己的不足。我不可能依靠信心和经验来帮助自己完成一次看房或者一场销售，因此，我就将需要知晓的产品知识完完全全地记在心里。我可以随时报出房子的面积、建筑年份、面板的材质、厨房电器的品牌，还是那句话，记住客户为什么要从你这里购买（而不是互联网），是因为你是知识的来源。

原因五：你的方法太老套

自鸣得意对于销售人员而言意味着真正的死亡。一定要仔细地审视自己。你是否不假思索、机械式地开展着一次又一次相同的展示？你是否和每一名顾客打招呼的时候都会用"今天天气好冷啊"之类的陈词滥调？你是否对于上班工作，有机会卖出一大堆东西提不起兴趣？如果有哪一句说中了你，那么你可能就需要重组自己的方法了。我对此深有感触。不久前，我感觉自己就像是电影《土拨鼠之日》（*Groundhog Day*）里的比尔·默瑞。我的人生就好像日复一日地做着相同的事情：起床，锻炼，去看一套房，开会，开会，打电话，再看一套房，这让我感到裹足不前。伊米莉亚为我的问题找到了完美的解决方案，而且非常简单。当出现一笔大单子时，我决定拿它跟另一名团队成员换一笔较小的单子。这就迫使我要改变自己的环境，面对不同的挑战，并练习不同的技能。结果这对于我来说成了一段很棒的经历，而且正好击中了我对销售重新燃起斗志的开关。如果你觉得自己裹足不前，那么就可以考虑在短时间内试试处理不同类型的球，因为这将帮助你重新组织自己的方法。这一招所带来的改变绝对会超乎你的想象。

原因六：你太关注金钱

我在杂货店里把信用卡刷爆的那一天是我最糟糕的一天。如果当时有人对我说，"莱恩，你卖不出去的原因是你太关注金钱了"，那么我会很生气。这是面临财政问题的人最不想听到的建议，尤其是当说出这个建议的人是个有钱的大佬的时候。我的确知道，要是你在进入一场销售的时候满脑子只有钱，那么这肯定会造成一些影响。例如，比起为了拯救交易而削减佣金来弥补差价，由于你专注于全额佣金，所以你的自我意识会扼杀任何让步，而这样一来，交易毁掉了，你再怎么坚持也无济于事。或者，由于你想了结这笔单子，得到报酬，所以操之过急，结果就成了一个典型的汽车销售，客户把你一脚踢开，找别人去买完全相同的产品了。

担心账单、租金、贷款和食物会带来无法想象的压力，而我绝不想再次体验那种感觉。虽然很难，但你应该想尽一切办法让自己的注意力从财政问题转移到交易本身上面。关注交易,而非金钱,这将让你重回正轨。在2010年温哥华冬奥会上,肖恩·怀特还没开始最后一次冲下月牙形滑道时就已经把金牌收入囊中了。他完全可以平稳地滑下来。然而,他却完成了一次精彩的冲刺。这是为什么?因为他滑出了胜者的风采。虽然从理论上讲,他确实已经赢了,但进入这种相信自己已经赢了的心理状态可以产生出令人惊叹的结果。

说到底,我们都有这些经历。我们失手让球跌落过,失去过销售机会,也有过破碎的交易。这是最糟糕的事情!但我一直试着提醒自己,这是意料之中的事。如果德瑞克·基特①在比赛中三振出局了,他也不会把球棒扔到一边,大喊"我真是没用!我不干了",然后就退役去当个花生农夫,度过平静的一生。这是不可能的。过分关注某一场交易的失败可能会影响你的整个职业生涯和人生,不要让它得逞。胜败乃兵家常事,这没什么,特别是当你手上还有许多球的时候。我上周有一笔大生意毁掉了。虽然这很可惜,但我并没有颓废一整天,坐在沙发上,抱着一盒饼干看《救命下课铃》②的重播。这么做有什么用呢?昨天我完成了一笔大单子。我也没有在交易完成后,放下电话就对团队说:"这真是棒极啦。各位再见咯!我下午要放个假,一边吃墨西哥玉米片一边在网飞上看《毒枭》(Narcos)③。"我只是再接再厉,转向剩下的球,专注于更广阔

---

① 译注:美国著名职棒选手。
② 译注:20世纪90年代的美国校园喜剧。
③ 译注:美剧。此处的片名和玉米片的发音相似。

的目标。

塞尔汉的秘密之二十一

<u>当我的生意成不了时,我想知道为什么。为什么不选我?我能力很强的!</u>事实是,有些因素是你根本无法控制的,而你不应该浪费精力为之困扰。继续前进,追求其他的球。

如果你曾经想要退出,请先看看这里!

销售是世界上最困难的职业。在某些职业中,不存在如固定支票这样的安全网或者指导你前进方向的老板。没有任何事物能保证一笔大生意会真正开花结果。销售人员中虽然有最不可思议的明星,但也有非常痛苦的失败者。销售可能会让你时不时地就筋疲力尽、沮丧懊恼或者失望透顶。但如果你觉得自己走到了悬崖边上,那么请先考虑一下这个问题:

你是否把目标定得太高了?

许多人在销售行业遭遇失败的原因是他们的期望不切实际。虽然我赞成要鼓励大家树立远大理想,但你也要确保设定的都是合理的目标。不要觉得自己失败了,因为你一开始就给自己定了太高的目标。有必要的话,你就要重新校准目标。如果你刚开始学滑雪,那么肯定不会直接就到最高的山上去,因为那样做是十分危险的。你会先从初级滑道开始,然后去中级滑道,等到熟练了,那你就可以考虑冲击黑钻了,但这都是在你掌握了从山上滑下来的技巧和经验,而且还没受伤之后。

你是否因无所事事而走投无路?记住你的"为什么"。

拿不出任何行动会让你感觉糟透了。如果你的销售陷入了滑坡,那么你可不能指望着让幸运女神眷顾你。这是一厢情愿的想法,因为唯一能改变你的状况的只有你自己。你是否喜爱自己销售的产品?你的"为什么"就像是一颗强力的维生素片,它会提供你需要的额外能量,让你掌控局势,奋勇向前。

你有多久没给自己奖励了?

你已经搞砸了一大堆交易?你陷入泥潭了?虽然听起来非合常理,但我认为这个时候最该做的事情就是奖励一下自己。我不是说你得给自己买辆豪车,不过给自己一点小小的奖励将会振奋你的精神和信心。在2014年,有段时间我的业绩特别低迷。于是,我给自己买了第一套房。虽然预算是150万美元左右,但是我却在西苏豪区的一栋顶层公寓上花掉了将近400万美元。这是我这辈子做过最可怕的事情了。不过这让我在那一年的后续业绩有了飞速提高,因为它在我背后立起了一堵新的墙。我已经把它买下来了,那我就不得不还贷,否则就是死路一条。

塞尔汉的秘密之二十二

<u>记住,你永远都可以采取某种行动。你永远都有事情可以做,就在现在,去改变你职业生涯的结果。</u>

你永远都有事情可以做。或者是关注不同的球、重新组织你的推销套路,或者将你的精力从金钱转移回交易上去。给某个还没跟你合作的人打个电话,礼貌地询问对方的反馈意见。利用这些信息来改进和磨炼你的技巧。尝试些什么,任何东西都行!而且问自己最后一个问题,如果你今天选择放弃的话,明天会更好吗?不会。直面你的挑战,那么你最后会抵达意想不到的终点。

当你每天都要面对自己最严重的失败

布鲁克林海洋公园道上有一套超棒的房子,1 400万美元的开价也确实令人咋舌。在2012年,那是我历史上最大的一颗球。那是我经手过的第一套在这个价位的房子,我当时觉得它会改变我的整个人生。要是我能把它卖出去,那么它还会带来更多的高价房源。我就可以雇佣更多的团队成员,搬进更大的公寓里,也许还能租上一辆豪车!那套房子位于布鲁克林区羊头湾的叙利亚西班牙犹太社区。房子面积有900多平方米,包含5间卧室。餐厅的桌子长到可以请全布鲁克林区的人来享用安息日的佳肴,而且还绰绰有余。在餐桌上悬吊的3顶枝形吊灯单价就要30万美元。那套房子还有带电动遮阳帘的穹顶、一部电梯，以及能把所有落在这里的雪花都融化掉的特殊的加热步道。我为了推销那套房子耗费了大量的时间、金钱和精力。但一年过去了，谁都没有出价。一个都没有。一年来，我在一颗非常大的球上面花费了大部分的时间和精力。我过度专注了。我没有纵观全局，或者思考要是这颗1 400万美元的大球不慎坠地（事实确实如此）的话会发生什么。虽然我依然喜爱推销大单子所带来的挑战，但那段经历让我明白，同时处理好不同形状和大小的球是非常重要的。我每天都会面对那次失败。我的办公室里有一面怀旧墙。我张贴了不少文章，有关于我自己的，有关于我引以为豪的生意的，比如，我们所赢得的大生意和荣誉。但是位于墙壁正中央的文章则是在提醒我自己遭遇过的最严重的失败。《纽约每日新闻报》（New York Daily News）的那则头版写道："1 400万美元！布鲁克林区内最贵房。"通篇文章都在说那套房子有多好，而最后是我那张自鸣得意却一无所知的笑脸。我将它裱起来，挂在办公室里，以此提醒自己，无论我有多么成功，都肯定会遭遇失败，但我可以败得更加聪明。我不会像2012年对待那套房子一样在一个球上投入那么多精力了。我会不懈地努力，获得尽可能多的球。现在的我非常清楚，前方很可能还有更多的失败，因为完全避免失败的唯一方法就是根本不做任何事情，而这是绝对不可能发生的。

塞尔汉的方法

总会有球落到地上。这很正常,因为有的时候你只能尽人事听天命。不过,在销售实践中结合下面的简单的方法,就可以让你有尽可能大的机会把球牢牢控制住。

有助于把球控制住的谈判策略
- 弥补间隙。
- 应对恐惧。

如果你失去了很多球,那么就需要自我反省一下了。是否存在下列情况?

球落地的常见原因
- 沟通的失败。
- 你只是在回复,而不是回应。
- 你设定了不现实的期望。
- 你不知道自己有什么不足。
- 你的方法太老套。
- 你太关注金钱。

千万别放弃。但万一你动了这个念头(最好不要)……

当你想要放弃时,问问自己:
- 你是否把目标定得太高了?

- 你是否因无所事事而走投无路？记住你的"为什么"。
- 你有多久没给自己奖励了？

锻炼你的技艺

当别人问你话的时候，你想要立刻给出答复，这（通常）是人类的天性。不过在销售行业，你对顾客的回应方式可能带来的就是交易成功或者失去顾客的天壤之别。这是需要多加练习的，你需要战胜自己脱口而出的天生欲望，如果你在这方面遇到了麻烦，那么可以寻求以下两种练习的帮助。

不说话练习

1.简单地坚持20分钟不说一个字。保持沉默，你知道这有多难吗？我的意思是，虽然我自己从来没试过，但我觉得肯定非常难。玩笑话放在一边，这个练习可以真正地帮助你三思而后行，从而以深思熟虑的方式回应客户的诉求。

2.沉默地推销。试着把任何一样东西卖给你的朋友，比如你的车、你的狗。你只能用面部表情和手势来将这场交易的好处传达给对方。这可不简单！

第十章　现在就行动

招牌上写着几个华丽的金色大字——"天堂之门"。那招牌位于一扇最为壮观和精美的锻铁大门的上方。在13岁的我眼中，它看起来就像是隐约可见的通往云端之路的大门。至于我10岁的弟弟的眼里看到了什么，就更加无法想象了。那扇大门仿佛来自一部哥特式的恐怖电影，因为它完全被藤蔓给覆盖住了。在马萨诸塞州托普斯菲尔德生活的4年间，我们从来没见这扇门打开过，也从没见过有人进出。我和弟弟喜欢骑着自行车经过位于约翰巷尽头的那扇大门。我们总会停留片刻，想象里面都发生过什么样的故事。里面会有一个几十年来都未曾离开这栋房子的可怕的老巫师吗？会是一个疯狂科学家在这栋豪宅里建立的实验室吗？又或者，就像我和弟弟心里偷偷地期望的那样，会是蝙蝠侠的秘密基地吗？

在一个夏日里，我们再次骑车经过，而这一次，好奇心占据了上风。我们想要搞清楚：那里面究竟有什么？结果那扇大门正好可以推开到让我们挤进去。我们不敢相信自己站在了大门里面。我们走过一条冷风阵阵的陡峭车道，两侧的植物和花朵茂盛到密不透光。走了大概5分钟，我们看到了一样令人难以置信的东西——另一扇大门。这扇门虽然要小一点，但同样华丽。我们越发激动了。只有真正的伟人才会有这样的车道和大门。我们萌发了希望。难道蝙蝠侠真的就住在我们隔壁吗？我们通过第二扇大门，继续沿着漫长而曲折的车道前行。又走了大概5分钟，我们又碰到了一扇大门。我们经过了一座仿佛从童话故事里走出来的喷泉，不过那也肯定是个阴森森的童话故事，因为喷泉里满是水草，水也都是绿色的，发出臭味。总算走到了小山顶上，我们却停下了脚步。呈现在我们面前的，原以为是世界上最巧夺天工的房子，然而……什么都没有。我们找到的是一个巨大的坑洞，里头填满了水泥。那是你能想象的最大的混凝土板，也就是说，这是一栋从未被建造起来的房子的地基。我们很失望。为什么会有人建造了如此夸张的入口，种下了那些植物，却没有把房子造起来？我们原路返回，骑上自行车，回家玩电子游戏去了。

我把我们的发现告诉了爸爸，在几个小时的私闯民宅安全教育之后，他同意帮我们问问到底发生了什么。为什么那栋房子没造起来？是业主被绑架了吗？他们光是策划园艺设计就穷尽一生了吗？他是在房子竣工之前就不得不逃跑的间谍吗？后来，我们找到了答案。不管拥有这片土地的人是谁，他当时在计划着建造自己的梦幻豪宅。他从大门开始，丝毫没有考虑节约成本。他在园艺,也就是花卉、灌木和树木上花了一大笔钱,然后又开始建其他的几扇大门。他从意大利运来石料铺设车道,又从希腊运来橄榄树。虽然他造的东西确实很漂亮,但不幸的是,他在那些细节上耗费了太多金钱,结果全都用完了。他没钱了。他付不起建造实际房子的费用,最后让银行收回了这片土地。所有的金钱、时间和精力都浪费在了栅栏上,等到该建房子了却什么都没剩下。我不禁要想,如果他当初先造房子的话,会怎么样呢?雪上加霜的是,我爸爸还告诉我,《天堂之门》也是20世纪80年代一部以史上最大的票房炸弹而臭名昭著的电影。

我还记得那一片混凝土板给13岁的莱恩带来了多么大的失望。我原本还想回学校告诉大家这个夏天我和最好的朋友蝙蝠侠一起在他家的泳池边喝柠檬水呢。虽然我当时不可能会想到,但与弟弟一起完成的那场探险给我的人生上了最重要的两堂课。

1. 没有什么障碍大到我无法爬过去。
2. 先做最重要的事情。

这简单的两堂课影响了我的职业道德和业务的发展。我一直仔细地衡量业务兴旺所需的各个因素之间的优先等级关系。不通往任何地方的入口通道无非就是一条死路,而没有入口通道的漂亮房子至少还是漂亮的房子。而且,作为销售人员,我们会不断地面对障碍，也就是说，我们几乎每天都要跳过、撼动、翻越和战胜各种各样的栅栏。

我最后想要留给你的忠告是：要仔细地规划好如何将自己发展成一个品牌、一个商人。不要染上分析瘫痪的毛病，也不要事无巨细地想太多，换句话说，你要专注于真正有意义的方面，然后采取行动。还有一点，没有什么栅栏能高到阻止你抵达终点。障碍只不过是一道道栅栏罢了，有上百万种方法可以翻过去。它们不是墙，因为墙是凿不穿的，你只能逃离。破产、恐惧，那才是墙，你要尽可能地远离它们。

我知道面对看似无法跨越的栅栏是种什么样的感觉。有时候，抵达另一侧看起来几乎是不可能完成的任务，而且我觉得自己没有那份能力。但到最后，我总能找到新的方法，并意识到，"我刚刚度过了最精彩的一周销售生活。我真高兴一直逼迫自己不断前进，找到了抵达另一侧的方法"。

通过拍摄《跟着塞尔汉学销售》，并且与销售各种各样产品的销售人员合作，我发现我们都会面对自己独一无二的障碍，也就是说，我们都有属于自己的要翻越的栅栏。要想成为成功的销售人员，成为一个能随心所欲地摆布好几个球并一个接一个地让它们成交的人，你就要始终准备着出发，出发去做更多的事情，去做不一样的事情。你会面临无数不同类型的栅栏，它们有着不一样的高度和宽度，有些甚至可能非常危险，就像缠着带刺铁丝网的那种。有些栅栏很可能所有的销售人员都遇到过，而这些就是我要在这里讨论的（也包括我最大的栅栏）。不过我也很想有机会听听你的栅栏是什么样的。如果我们强强联手，那么一定能找到克服它们的办法。我们可以通过社交媒体轻而易举地讨论这个问题！给我发推特@ryanserhant，在脸书或者Instagram（照片墙，一款社交应用）上关注我，跟我说说你的栅栏吧。

没有什么障碍大到你无法跨越

我该如何让自己脱颖而出？

在周日早上的健身之后，我通常会前往位于苏豪区的办公室。这是我的快乐时间。我能安静而平和地花上一两个小时，组织和准备下一周的工作。我会检查日历并清查邮箱。我不会错过任何东西。周日也是我的自由日，所以我会一边工作一边吃多力多滋。

不过今天有些不一样。我要和我的社交媒体团队开会，讨论一场新的计划。几个月前，我们做了决定，我应该搞一个视频博客出来。我发现在发布视频这方面，我加入得有点晚了。人家9岁都可以搞一个专门做烂泥的YouTube频道，吸引数百万订阅者。可是纽约市每年成交的房子在11 000套左右，而有执照的房地产经纪人却有大约30 000名。大部分人看到这些数字心里会想："在纽约市当房地产经纪人不像是什么赚钱的买卖。还是算了吧！"我更喜欢从另一个角度来看待这个问题：

在去年成交的11 000套房子里，我只占到了很小的一部分！我该如何去做更多的生意呢？为什么并不是每个人都会来找我？我该如何让别人知道我在这里，我一心只想把他们的房子卖了，或者帮助他们找到可以买的房子。我非常幸运，在《百万美元豪宅：纽约》播出的那一年里，我能在三个月的时间里得到全国范围的关注。而现在，我马上会靠着《跟着塞尔汉学销售》，再让全美国多看我两个月。但是剩下的那几个月呢？当然了，我在社交媒体上是非常活跃的。我发布Instagram照片！我发推特！但这些还不够。视频博客是一种长度更大的社交媒体，能给我大显身手的机会！我可以表现得特别自我，展现生活中也许以房地产为焦点，也许不以房地产为焦点的疯狂时刻。我想让大家知道我每周的生活是什么样的，告诉他们我工作起来有多努力。我知道我在精彩电视台有两档节目，但我觉得还是不够。我只是想说，我的市场份额还不够多。所以，我在YouTube频道（YouTube.com/ryanserhant）上的视频博客就是一次新的品牌拓展行动。万一这招失败了呢？那也没什么大不了的，反正在制作视频博客的过程中，谁都不会受到伤害。没有任何原因不去尝试一下。

　　作为销售人员，我必须面对的最大的栅栏之一，就是寻找新奇的方法让自己从浩瀚无垠的房地产经纪人海中脱颖而出。我刚以为彻底把这道栅栏甩在身后了，但它马上就会卷土重来，而我就不得不寻找新的办法，再让自己翻过去。我总是想在今天做比昨天更多的事情。我绝不想在回顾自己的职业生涯时觉得自己当初再努力一些该多好。只要我还活着，我就会尽自己所有的能力，动用我每一寸潜力，不断地爬过那道栅栏。

做得更多！

提供独一无二的促销

你不能坐等别人把一筐球都扔给你，换句话说，你不能等着生意自己开门进来。你需要给别人一个出现的理由。纽约的秋天特别棒！所以，我决定在位于翠贝卡区的办公室里分发免费的南瓜，但这并不是关键，这只是一种有趣的途径，让大家知道我们是谁，我们提供什么服务。走在纽约市的大街上就能拿到免费的南瓜可不是天天都能碰得到的好事，而这就是一种造势的方法。与你的老板和团队成员聊聊你们能够怎么做。免费小样？两人同行一人免单？你肯定能提供些什么让别人记住你。不要只想着完成交易，还要创造交易。

利用你的影响力圈子来找到脱颖而出的新方法

销售热水浴缸的阿曼达有好几个孩子，她也认识许多妈妈。她发现热水浴缸特别适合一大家子。这就像是让每个人都能进去放松放松的迷你泳池！她开始与其他家长聊起整个家庭共享热水浴缸有多么有趣。现在，阿曼达不仅是"销售高档热水浴缸的人",而且还是"能为你的家庭找到完美的热水浴缸的人"。想想你认识的人,你的影响力圈子有什么特别之处?也许你卖的是地球上最棒的香薰蜡烛,而你的影响力圈子里有许多艺术家。让他们知道这些蜡烛美妙的薰衣草香味能促进身心放松,从而激发创造力!想想你能在产品和认识的人之间建立什么新的联系。

我没有足够的钱投资自己的职业生涯

10年前,当我戴上"保持者"的帽子时,我发现我可以在每张支票中抽取大约100美元重新投入到我的事业之中。可见,我亲身体验过被紧张的市场营销预算所阻碍的感受。不要老想着赚大钱的人把钱花到哪去了。待在自己的舒适圈里就好。比如说你每周只能在自己身上投资10美元,那么这笔钱差不多够买50张邮票了。在单位或者学校里找点A4纸和信封,然后给潜在客户写亲笔信。如果你每周发出50封信,那么一年就有2 600封亲笔信。在这么多尝试中,我保证你会接到电话的,而且这一切才只要两杯星巴克拿铁的价钱而已!

你总能找到办法循环投资自己的职业生涯,就算你初入职场也没关系。只要动手去做就对了。

做得更多！

社交媒体——这是免费的

在推广品牌和服务方面，我的社交媒体平台提供了无与伦比的帮助，而且这些年来观众数量的增长也让我感到很骄傲。不过我并不是社交媒体专家，况且你大概可以找到10亿篇专门讨论最大程度扩张社交媒体知名度的锦囊秘籍。社交媒体说白了就是你的公开简历，所以你要考虑好想要展现一个什么样的形象。社交媒体最棒的地方在于，它是免费的，也就是说，你不需要花一分钱就可以在Instagram上发布展示你所销售的手工编织有机棉毛衣的漂亮照片。好好利用不同的平台，你就能扩张自己的网络，并让大家注意到你所提供的服务。每发布两则个人消息，你就应该贴一次与业务相关的照片或视频。虽然人们想知道你能提供什么，但他们也想知道你这个人。记住我们在第三章中所讨论过的：人们不喜欢面对推销员，但却酷爱和（社交媒体上的）朋友一起购物。

完善你的态度，跟得积极

我好多年来都去看同一个牙医。我经常会忘记要换个牙医，因为去离我办公室最近的那家诊所方便多了。时间就是金钱！不过我这个牙医在跟单积极这方面做得很细致，所以我觉得他可能会帮我看一辈子的牙了。大约在6个星期前，我该去洗牙了，他就给我发了个简单的跟单提醒，预约了我的时间，而且还不忘开个玩笑！我收到了他的电子邮件，不仅安排好了预约，还被一则关于牙齿的笑话逗得很开心。在跟单中发挥创意、拉近距离。怎么做才能让顾客把你记在心里呢？你是卖园艺用品的吗？你可以写一封史上最棒的通信快报，分享在不同季节修整花园的有用贴士。你也可以每天搜集照片，给当天过生日的客户打电话。这是最简单的跟单形式，而我敢保证你虽然对此了然于胸，但却从来没有行动过！顺便一提，跟单和通信小报也都是完全免费的！

练习，练习，再练习

作为销售人员，我们的身体和声音就是我们的工具。说起销售，我们很容易会低估肢体语言和语音语调的重要性。我在和推销打蜡服务的马力埃尔合作时，一开始就注意到她总是对顾客咄咄逼人，也就是说，她在对话的时候没有将自己的身姿放低到和顾客相同的高度。这很糟糕，而且会让别人觉得不舒服。我们一起集思广益，找到了让她更自然地与他人交流的方法。销售护肤产品的珍也需要改变自己的肢体语言。她很容易摆出一副看起来害羞而拒人千里之外的姿势，说白了，她没有完全地表现出自信。我们针对姿势习惯做了一番功课，让她看起来更加开放和亲和。推销热水浴缸的阿曼达不管是开心、难过还是昏昏欲睡时，说话都一样单调平淡。于是，我们就好好上了一堂发音课,让她感受不同的语音语调。当你的语音语调发生变化时,别人就会更加积极地回答和倾听你。如果你没钱去上发音课,那么就站在镜子前,确保自己的**姿势**和肢体语言表现得有力而自信,然后把自己对着手机说话的样子拍下来,直到你习以为常为止。然后把这些视频发给某个值得信任的人,问问他或她有什么坦诚的反馈意见。

如何激励自己去实现目标?

从刚进入房地产行业开始,我就一直故意把自己逼得走投无路。参演《百万美元豪宅:纽约》(当我还是个初出茅庐的经纪人时)意味着一切都要开始动真格了。这档节目相信我的能力,而这也是我第一次"用枪抵着自己的脑袋"。我再也不能无所事事地坐在家里看电视了,因为我不想让全世界的人在电视上看着我失败。我别无选择。我必须想办法成为最棒的经纪人。我买了超过预算3倍的房子,而我和伊米莉亚在布鲁克林区买的这套房子会促使我更努力地工作。所以,你要按照我们在第六章中讨论过的方法设定一个目标。告诉自己,如果达成了每月目标,你就可以买那件心心念念的东西。如果没达成目标,那么就不能买。

做得更多！

割断安全网

《跟着塞尔汉学销售》里的大胡子男埃里克效力于一家面向应届毕业生的租房公司。他每天要花4个小时通勤。虽然我清楚，租房子不便宜，但是慎重地选择改变自己的环境，即把自己逼得走投无路，可能就是让你鹤立鸡群的动力所在。如果你还在跟父母一起住，那么就考虑一下自己搬出去。如果你现在通勤时间很长，想要搬到离公司近一点的地方，那就搬吧。如果你不愿意拿出一部分钱请全职的儿童陪护，因为你赚得不够多，那么就想想，如果你手头拿到了成功真正需要的一切条件，你能做到什么程度。我想说的是，认识到真正可能在阻碍你取得成功的因素，并正面应对它，可能会给你的职业生涯带来翻天覆地的改变。割断这层安全网吧。

计划一场旅行

你一直想去什么地方？在结婚一周年的时候，我和伊米莉亚想要重返希腊。不过这一次，我们不再是租一栋别墅，请所有认识的人过去，并带上一支电视台的团队，而是坐着自己的私人游艇在希腊的各个小岛上穿梭。我还制订了一些伟大的计划，比如，在这次假期中每天都要吃冰激凌。我们的周年庆是7月的第一周，我在日历上把它标红了。我每天都会这么做，而最近的这几次旅行已经越来越夸张了。每次我看到度假的日期，我会感到非常兴奋；同时我会受到鼓舞，更努力地鞭策自己，因为我想要保证自己赚的钱足够享受这样的假期。我并不建议你做什么过分的事情，比如，租下伊丽莎白女王2号（QE2）[①]或者一架私人飞机，而是计划一些能激励自己的事情。在日历上记下一些让你想要更努力工作的东西，并且在困难大到仿佛无法翻越栅栏的日子里，好好敦促一下自己。

先做重要的事情

当准备好组建一支团队时，我决定应该看看超级成功的房地产经纪人都是怎么做的。他们都有些什么共同点？我马上就注意到了一件事：他们都有商业搭档。这就是我该做的！我找了一名搭档，开始合作。但是我对"工作"的看法和他对"工作"的看法是不一样的。在我看来，"工作"（尤其是在发展团队的初期阶段）就是确保我们有足够的业务来支持团队。而在他看来，"工作"主要在于系统，即建立网络和创造良好的办公空间。我在外面拉关系、追业务，而他则在办公室里安置家具。那次合作虽然没有成功，但却坚定了我从发现蝙蝠侠并没有住在隔壁宅子的那一天开始就铭记于心的

[①] 译注：在近40年来一直是冠达邮轮公司的旗舰。

一个信念。你必须先做重要的事情。要是天堂之门那位兄弟先从地基,而不是那几扇宏大、华丽的大门开始,那么他的结局可能就完全不同了。

不要等到完美的时候才想着一鸣惊人

我喜欢完美。因为工作需要,我每天都会参观纽约市最漂亮的房子。我最近重新装修了在苏豪区的办公室,让它变成一个更体面、更吸引人来工作的地方。我甚至开了一家店,专门销售印了我名字的衣服和小东西,请记住,要时刻扩张品牌。我也承认自己喜欢穿帅气的西装,而且我相信在这本书里,我的各种买鞋的经历已经昭告天下了。不过就在不久之前,我连一套西装都没有。我从前穿着卡其裤和牛仔靴带客户看房,而且从未因此而有任何胆怯。我的第一间办公室位于第49街的一家汉堡店楼上,而且我还要和别人分享一张桌子。外表是很重要的,尤其是在销售这一行。但是如果你把注意力都放在创造完美的大门上面,那就永远没机会找出完美的房子了。不要等着一切都尽善尽美了才下决心成为一个出色的销售人员。你没有最好看的名片也能做成生意。先做最重要的事情,即建立联系、创造业务、寻找更多的球并学会如何将它们控制住。看看世界上最成功的那些人:虽然他们连名片都不带,西装也不穿,但是他们就像奥运会上的肖恩·怀特一样,靠一张脸就够了。每一天都是一场胜仗,因为他们已经是赢家了。而你现在也应该拥有这样的思维，相信这终将成为你的未来。

当你准备建造更大的房子时

大多数人在着手组建一支团队时，都会搞错顺序。在我这一行，当人们计划建造"世界第一经纪团队"时，会准备一间光鲜的办公室，雇佣一大堆人，以为凭借这规模就能保证尽享成功喜悦。可事实是，有些三四个人的房地产经纪人团队每年就能做成几十亿美金的生意。你拥有的业务数量应该决定了团队成员的需要。你不能先建立团队，然后期望业务自然会跟上。你必须先诚实地回答这个问题"我的销售额足够维持一支团队吗？"然后再开始建立团队。如果你每年能销售数百万支铅笔，那么没错，你需要一支团队！如果你还在每个月销售十几支铅笔的程度，那么就把这个计划暂时搁置，等到手上的球变多了再重新考虑组建团队。

我现在有一支60人的团队，这是因为我已经将业务发展到能够支撑这样一支庞大团队的程度了。我刚起步的时候，只有我自己和尤兰达两个人而已，而她现在是我的运营主管。我们两人为我们的房子打下了地基。我以"发现者"的身份去建立联系、销售房产；以"保持者"的身份制订公司的发展计划，而尤兰达则是史上最棒的"行动者"。她接管了剩下的所有事情。形势发展相当喜人，于是我们就增加了一名助手，后来，我们的房子足够再多容纳两个人了。我们现在可以支持两个经纪人了。我们是先建起了房子，即一个保护业务核心的庇护所。接着，当然了，随着一切开始发展起来，人们开始注意到我们，我们就会把更多的注意力放在景观、通道和大门上。但我们先做了重要的事情。

寻找最佳团队成员：活力、热力、耐力和智力

如果你现在每天卖出去的铅笔光靠一个人已经管不过来了，那么你就可以扩张你的房子，引入团队成员了。我也还在学习什么才是管理和支持团队的最佳方法，因为他们的成功就是我的成功。不过我已经明白，只要遵循四个"力"的方法，我就能找到最好的团队成员，即与我的目标和价值完美契合的人。我对团队成员的期望可能与你的理想之选有所不同。不过如果你弄清楚了自己的这四个"力"，并按图索骥地雇佣人员，那么你就会为自己打下建立一支胜利团队的良好基础。

活力

我是个很有活力的人，我团队里的每一个人也都如此。活力是会传染的，你要么受到周围人的激励，要么就被他们拖后腿。我会寻找积极向上、充满自信，而且容易感染别人的那种充满活力的人。我们能轻松地对话吗？这是一个我以后会经常交谈和互动的人吗？有活力的人主动性也强，而且会不懈地追求想要的东西。这就是一个优秀的团队成员。

热力

对销售和产品的热情是一种恩赐。我会寻找不管销售什么（比如，能看到中央公园的三居室顶层公寓或者窗外只能看到一堵墙的狭窄公寓），都能为之倾注激情和热力的团队成员。不管销售哪一种房子，热力都是关键所在。如果我要面试一个可能的团队成员，我会把他们带到现场，说"把我坐的这张椅子推销给我，来吧！"我会仔细地观察他们的反应。如果我听到的是"嗯，好吧，这是张黑色的椅子，有4个轮子"，那么我们可能就合不来。如果他们说："这张椅子是为你尽可能地享受最舒服的姿势而设计的，会给你带来更多的活力和信心！这张椅子可以提高你的销量！"那么我们就可以再聊聊了。

耐力

销售的世界充满了拒绝，大家都知道。正如我在这本书中从头到尾所分享的那样，我有好几个月都是零销售，这感觉真是太糟糕了。我需要面对持续的拒绝也不会动摇的团队成员，能硬着头皮一次又一次地站起来，再度迎接挑战。干销售这一行，你的耐力可能就是让你鹤立鸡群的魔法配方。虽然在评估团队成员的素质时，耐力是最难评判的，但我自创了一种魔法小测试。我稍后会在这一章中分享给你，所以请继续读下去！

智力

也可以说是"小"力，因为它确实没有其他几个因素那么重要。

如果潜在的团队成员表现出了合适的活力和热力,而且我猜测他们有足够的耐力,在面对最可怕的拒绝时受到的伤相对而言会少一些,那么智力就可以当作一个加分项了。因为有好几年的经验,所以你已经了解了销售的各种内情。我一直将智力视为一种额外优势,因为你可以教别人你的系统是如何工作的,但却很难教别人如何拥有热力、耐力或者合适的活力。

塞尔汉的秘密大礼

对于是否在本书中插入这一部分,我着实合计了一番。这是我用来判断一个人是否适合我的团队的小技巧,而且真的很有效果。我之所以不愿意拿出来分享,是因为如果每一个人都知道了这个秘密,那么这一招就会失去用处了。我的魔法就消失了!不过后来决定,如果你能不嫌麻烦地买下这本书,并且认认真真地读到了最后(谢谢你!),那么就理应知道这个秘密。

在与候选团队成员面试之后,如果对方给我发了一封工整的邮件来了解进展,那么我会假装没看到。这是故意的。任何跟我共事过的人都会告诉你,我一定会在12个小时之内回复邮件。这是我的坚持。不过对于雇佣新人而言,情况就不同了,因为我会彻底地"无视"他们。我为什么要这么做呢?这并不是要故意难为别人,而是将那些并非真正饥渴地寻求这份工作的人排除出局。我想要与不会因为我的视而不见而胆怯的人一起工作,因为他们会继续给我发邮件,让我知道他们有多么渴望加入我的团队。会这样做的人就是合适的人,就这么简单。我的团队成员珍在接受我的面试时,刚好在我要与伊米莉亚去希腊度假之前。她在面试之后就和每一个优秀的候选人一样,联系我了解进展,但我对她视而不见。几天后,她又来咨询进度了(这个时候我开始对她感兴趣了),重申自己是真心想要加入我的团队。我马上发出了一封简短的回信,解释了没回信的原因。我没有承诺会跟她讨论在我手下工作的任何后续事项,因为我想看看她是否还会继续跟进。她跟了。她在邮件里还另外说道:"祝你度假愉快。我希望能在你回来之后的周四或者周五一起聊一聊。你哪一天方便呢?"这下我就知道,等到回来的时候,我会和某个可能很适合这支团队的人见个面。后来我就聘用她了!

未来的你会是什么样子?

我为销售奉献了一切,而得到的回报也是很丰厚的。不过,当我在这里提笔写作时,却想起了这一切都始于那个连一个球都控制不好,搞砸了自己生活的没有安全感的毛头小子。如果当时有人对这个小子说,"情况会好起来的。有一天你会成为纽约市最成功的房地产经纪人!你会成为电视真人秀节目中的明星,而且你的销售水平会高到能拥有一档属于自己的《跟着塞尔汉学销售》的节目",爱哭鬼莱恩就算过一百万年也不可能会相信的。那个小子只会偷偷地溜进厨房,再吃一个私藏的巧克力布丁,并期望不会把妈妈吵醒。我的销售职业生涯带我走入了一个从来没有想象过的世界。每当我与别的销售人员合作时,他们眼前所开启的无限可能都会令我感到激动万分。因为我曾经经历过这一切,而且销售已经改变了我的一切。

虽然有不少人都令我羡慕不已,但并没有谁能成为我的英雄。除了自己,我不会仰望任何人。我做的一切都是为了未来的莱恩。我的理想就是让未来的莱恩非常努力地工作,并取得非常大的成功。

如果他能改变这个世界对销售的看法,尤其是对房地产经纪人的销售的看法,那就更棒了。这就是我的"胜利"。但是在我让销售的世界扬眉吐气,并把曼哈顿岛变成零食岛之前,我会一直敦促自己每天都多做一点事情。我对于五年级的最大进步奖毫无兴趣。如果我没有在成长,那么我就是在死亡,而我绝对还没做好后者的准备。我在办公室里放了一张用手机应用生成的老年版莱恩的照片,心想我做的一切最终都是为了这个家伙,为了未来的莱恩。

未来的你会是什么样子?你是否正在美景环绕的托斯卡纳庄园里品着红酒,回忆过去,每当你面对巨大的栅栏时,都会想起你的"为什么",找到跨越过去所需要的能量?未来的你是否正在带着所有的孙辈享受一年一度的迪士尼之旅,感恩着自己从前完成了"工作",翻越每一道栅栏所耗费的努力都没有白费？未来的你是否还能记起被墙逼得走投无路的情形？未来的你是否还记得所有的挑战？销售是一场赛跑，而且是一场长距离的赛跑。不管你已经跑了多少年，抑或刚刚听到发令枪响，你都还会经历许多重大的高潮和低谷。但无论你正处于哪个阶段，只要继续跑下去就对了，不要停下。你最大的销售订单、最棒的一周、最精彩的一年都还在前面等着你。未来的你会感谢现在的你的。

各就各位——预备——跑！

塞尔汉的方法

绝不要忘记，栅栏是可以穿越的，因为它们并不是墙，总有办法能抵达另一边。墙是从你背后逼近的东西，而栅栏只不过是个小小的障碍罢了。

没有大到无法跨越的栅栏

1号栅栏：你要如何让自己脱颖而出？

解决方案：

- 提供独特的促销。
- 利用你的影响力圈子让自己脱颖而出。

2号栅栏：我没有足够的钱投资自己的职业生涯。

解决方案：

- 社交媒体——这是免费的。
- 完善你的三个"跟",不断跟进。
- 磨炼你的技艺。

3号栅栏:我要如何激励自己实现目标?
解决方案:
- 割断安全网。
- 计划一次出游。

先做重要的事情
- 不要等到一切都完美了才想去成为一鸣惊人的销售人员。
- 业务的量决定了团队的需求。
- 遵守四个"力"的方法:活力、热力、耐力和智力。

鸣　谢

感谢宝拉·巴尔泽（Paula Balzer）帮助我创造了《跟着塞尔汉学销售》的世界。如果没有你，这本书就不会这么井井有条，思路也不会这么清晰。谢谢你将我的混沌转变成了献给全世界的销售人员的完美剧本。也谢谢你做我的朋友，我们会一起在欢声笑语中迎接今后会出现的那些不那么有趣的事情。

感谢伊米莉亚，我美丽的妻子，即使我每天都在怀疑自己，你都一直在敦促我编写这本书。你不仅是我更好的另一半，更是我的全部。

感谢我的父母，我爱你们，如果没有你们，我都不敢想象自己会陷入多么可怕、黑暗、不安的处境。

感谢鲍勃·达德（Bob Dad）教会了我说"Yes"的力量，教会我尝试一切，让我热爱艺术，并感受生活中的热情。

感谢我的编辑克里尚·特罗特曼（Krishan Trotman）相信我们能创造一本有趣而又睿智的商业类书籍。也感谢莫罗·迪普雷塔（Mauro DiPreta）、米歇尔·艾尔利（Michelle Aielli）和迈克尔·巴尔斯（Michael Barrs）让这本书能顺利出版。

感谢安迪·科恩（Andy Cohen）、莎丽·莱文（Shari Levine）、弗朗西斯·伯威克（Frances Berwick）和精彩电视台的所有人让全世界知道我的名字，并在两档节目中都对我寄予厚望！

感谢珍·乐维（Jen Levy）在《跟着塞尔汉学销售》中的贡献。

感谢World of Wonder电影公司的兰迪·巴尔巴托（Randy Barbato）和芬顿·贝利（Fenton Bailey），以及《百万美元豪宅：纽约》与《跟着塞尔汉学销售》的所有人，你们让我度过了一段精彩的人生。

感谢我的执行制片人丹妮尔·金（Danielle King）的引导、支持和指挥。你是我最好的朋友之一，而且你拥有百分之一百准确的直觉。这就是为什么你能创造电视上的黄金节目的原因。

感谢我的姐姐米斯蒂（Misty），是你教会了我如何运营公司。

感谢我的兄弟杰克（Jack）与吉姆（Jim）和我的姐妹希瑟（Heather）和吉尔（Jill）无条件地爱我和支持我。

感谢娜娜（Nana），我想给你一个大大的拥抱和亲吻。

感谢列奥尼达斯（Leonidas）、德斯皮娜（Despina）和皮克尔斯（Pickles）。

感谢乔丹和尤兰达无私的努力，你们让我们成了全国最努力工作和最成功的房地产团队。

感谢塞尔汉团队中的每一个人对我和我的想法的信任，你们让我每天都有一份好心情。

感谢我在联合航空运输公司（UTA）的代理人娜塔莎·柏罗吉（Natasha Bolouki）、马克·杰拉德（Marc Gerald）和布兰迪·鲍尔斯（Brandi Bowles）为这一切的成功提供的帮助！

感谢弗雷德里克（Fredrik）、史蒂夫（Steve）和路易斯（Luis），以及《跟着塞尔汉学销售》第一季的全体成员，你们太棒了！你们对这本书的贡献都超乎你们的想象。

感谢我在社交媒体上的所有粉丝，感谢看过我在YouTube上的视频博客的每一个人，也感谢观看《百万美元豪宅：纽约》和《跟着塞尔汉学销售》的每一个人。